謎解き
ファジイヤタガラス

平野真知子
Machiko Hirano

文芸社

謎解き　ファジイ　ヤタガラス　目次

謎解き　ファジイ　ヤタガラス

（一）神話と御衣と神紋と

ふと窓の外を見ると、地面から垂直に伸びた杉の木立の奥に、なだらかな山が重なって、薄紫の低い雲に覆われて霞がかって見える。

あのあたりは、いくつもの陵墓や古墳が連なっているところで、その向こうに平城京が広がっているのだろう。

たたなずく　青垣　山籠れる　倭し　うるわし

遠い昔、ヤマトタケルが詠んだという歌の景色が重なって近づいてくる。

世界遺産である仏教建造物は勿論のことであるが、様々な文化や歴史遺産が眠る奈良地方であってみれば、今もそこかしこに、遺跡、遺物が発見されることがある。年中行事のように、古代が今にまだ顔をのぞかせるのである。

正倉院展で公開される聖武天皇の遺品などは、勿論のことであるが、元興寺のある、奈良町界隈の家の軒にぶらさがっている縫いぐるみのサルに至るまで、時の流れに耐えて生き残ったものたちが揃っている。

サルとはいえ、軽くみてはならない。中国の道教に由来する「庚申《コウジン》」の使いであるサルなのである。なぜここにサル、がいるのか、ということを深追いすれば、まだベールに包まれている古代史が潜んでいる、ということにもなりかねない、そういうそこはかとない空想も生じてくるのである。

ところがそのサルは、筑後のサルと同じだった。サルに違いはなかろうに、どこでわかるのか、というと、じつは、雛祭りの「さげもん」中につるされているサルと同じ形をしている、いわば、縫いぐるみの小ザルなのである。

文化の伝播の上で、どこでどうつながってくるかわからないのである。

◆袞冕《コンメン》十二章

古代史の講話の最中、一瞬目にした外の風景にユウコが気をとられている間に、「聖武天皇の礼服」のお話はもう終わっていた。手元に配られた資料には、「袞冕《コンメン》十二章」として、白黒の絵図が掲載されていた。

後日のことであるが、有名画伯が描いた紙本彩色の「聖武天皇御影」という絵が、どこかの博物館で、展示されていた。

深みのあるすっきりした赤紫の生地に、専門家の時代考証を経て模様が描かれたものだという。「平成」と、年号が替わってから描かれたものなので、現代人の感覚で、美しいと思うように出来上がっているのだろう。実物は、あまりにコテコテで、評判がよくなかった由。そこで、作りなおされたかどうかわからないが、歴代天皇の即位の折と、元旦の朝賀の折に、着用されたものだという。

もとより、中国の玄宗皇帝の礼服をそのまま模倣したもので、当時の中国への強い憧れをあらわしているともいわれている。

『日本書紀』は、五世紀末に、雄略天皇が、蚕を集めさせ、さらに、身狭村主青《ムサノスグリノアオ》という者を呉（中国の江南）へ送り（というより、「高句麗」に送ったという説もある）、漢織《アヤハトリ》・呉織《クレハトリ》とよばれる、錦や綾を織る技術職人を招いた、と伝えている。呉織は、その技術を秦氏、東漢氏などの渡来の豪族に伝えたため、高級織物が、急速に普及したのだという。

法隆寺の近くに、六世紀に築造されたという「藤の木古墳」がある。そこからは、様々な副葬品が出土した。インド象や、朱雀か鳳凰のような鳥、獅子や兎などの装飾が施され、金やガラスなどで飾られた精緻な装飾の馬具などの数々である。美術品としても価値ある品々という。現代の宝飾品にも劣らない意匠を凝らしたといわれるものもある。

同時に、平絹、綾、羅、繍などの絹織物もひとかたまりになって発見されているので、そのころの有力豪族は、服もかなりぜいたくなものを着るようになっていたことがわかっている。

唐の盛期に玄宗の身につけたような豪華な服を、日本で、そのまま模倣して仕立てあげる技術が、すでにあったのだろう。

唐の八代皇帝代宗の大暦八年（七七三）閏十一月に、渤海国から人質として送られてきて、皇帝に近侍していた皇子が「袞竜《コンリョウ》」を盗んだ、という。当人が、中華の文物を、慕わしく思ってやった、と告白したので、皇帝は、あわれんで、罪を問わなかった、という話である。

　歴史はこういうことまで逃さず記していることもある。が、どういう意図で記されたかはわからない。

　東アジアの多くの国が、隋や唐の属国とされて、「冊封関係」にあった。中国皇帝および、諸国の王の代替わりのたびに、中国に贈り物を捧げることを強制されていた。

　日本は、都合《カイシ》のよい時だけ使者を送ればよいという、「化外慕礼《ケガイボレイ》」の国の地位にあったというが、回賜として、多くの返礼物、当時の文化の香り高い中華の文物が、それ以上に、山のように送られて、大国の威徳を示される、ということになっていたらしい。「袞竜《コンリョウ》」の生地なども、返礼物のひとつとして、送られてもいたのである。

　聖徳太子が、「日出処天子」に始まる国書を中国に送った、という話は、小学校でも習った、国威発揚、強硬外交のはしりのような有名な話であるが、これは、『大智度論』という有名な仏典のなかの、「経の中に説くが如くんば、日出る処は、是れ東方、日没する処は、是れ西方、日行く処は、是れ南方、日行かざる処、是れ北方なり」という一節からとられたという説もある。「日出処……」のその前句に、「阿蘇山あり、火おこりて天に接す」という一文が加えられていて、それから考えれば、これは、「九州王朝のことである」という話もあって、古代史の世界は、いったいいくつあるのだろうと、ユウコは素朴に思っている。

倭の王者は、早くから、「治天下」の大王を称していた。

歴史博物館には、二つの太刀が並べて展示されていたことがある。埼玉県稲荷山古墳出土鉄剣銘文と熊本県江船山古墳出土太刀銘文にみられるように、倭王武（雄略天皇）のころには、すでに中国の冊封体制から離脱し、東夷のなかの「治天下」の王者たらんとする動きは先行していたというのである。中国と陸続きの他国と、列島に位置する倭国、日本とは、冊封の在り方も、違ったものであったようだ。

そのようなこともあって、当時の先進国中国と、同等であることを、誇示する意味もあったというのである。

ずっと後世の明治時代、「列強に追い付き追い越せ」「富国強兵」それから「殖産興業」などと、今の日本人には、歴史になってしまったフレーズも、その古代の日本列島の住人たちのＤＮＡがよみがえったものだったのかもしれない。

講話の資料の中の絵図は、腰までの長さの着物風の上着にみえる。袖つけは、後の世の「元禄袖」風の丸みが、身頃側についている。それに、スカートか、前掛けか、と思われる形のものが図示されている。これは、朝鮮半島特有の「褶《ヒラオビ》」という下衣をさすのだろうか。推古紀に、この「褶」の着用を勧める命令も出されている。

とすると、聖徳太子時代の半島風の服のようにも思えるが、描かれた「御影」は、椅子（曲彔《キョクロク》）にかけた御姿ではあるが、ヒザ下丈のようにみえる。絵図にサイズは記されていないが、振り袖のように長いものとみれば、バランス上、やはり、ヒザ下までの長さのある上着なのだろう。

朝廷が、中国風の衣服を採用するのは、天武天皇の時からであるともいわれる。また、後漢の、明帝以来と伝えられる祭服の規定に準拠して、聖武天皇の天平四年（七三二）の朝賀から、孝明天皇の弘化四年（一八四七）の即位まで使用されたとも記されている。

全体に、様々な模様が描かれている。スカートのように見えるものには、金太郎の持つような「鉞《まさかり》」も一列に並んでいる。

▽　日の中のヤタガラス

ユウコは、その衣服に描かれた「模様」のひとつ、日月の日のなかに描かれている「三本足の鳥」が、ずっと気になっていた。

「八咫烏（ヤタガラス）」という名で有名な鳥ではないか……。

サッカー日本代表チームのブルーのユニホームの「エンブレム」にもなっている三本足の鳥である。

「どうしてこれが、聖武の御衣に……？」

この衣服は、「袞冕《コンメン》十二章」という。大袖という大衣と、ひらみ（褶《ヒラオビ》に同じ）とよぶ裳からなる。コンメンとは、天子の礼服としての「袞《コン》服」と、その袞服を着たときに用いる冠、すなわち、「袞《コン》冠」の略である。その上下の服に、天皇特有の「十二章（十二種類）の模様」が描かれている。「袞竜《コンリョウ》の御衣《キヌ》」ともよばれてきた、天皇の存在をさすこともある御衣である。

十二章の模様というのは、大きく、左右の身頃に、背を曲げた上り龍と、下り龍が描かれている。それを、「袞竜《コンリョウ》」というのだ。そして、日月・七星・山・火・華蟲（雉形）・宗彝《イ》（虎猿）の八章、御裳を藻・粉米・黼《フ》・黻《フツ》の四章としている。

この紋章について、『旧唐書』輿服志にその意味が記してある。「古代の社会の様々な素朴な思想、願いを反映している」という。

▽日・月・星辰は、下土を光照し（照臨無私を象徴）、
▽山は雲雨を布散して下人を沢するという（鎮定、雲の涌出、雨露の恵み）。
▽華蟲は雉であり、五彩をまとって、聖王の姿を象り、文明の象徴とした。
▽龍は変化無限で、聖王の布教を示し（神変不可思議の霊物）、
▽宗彝（虎猿）は、虎と猿で、剛猛よく物を制すことを象る（祭器に描かれた虎〈勇〉猿〈智〉で、祭器の象徴）。
▽藻は、水草で、水流に従って浮遊し、聖王の順応性を表示し（潔らかさを象る）、
▽火は、陶治烹餁に用いて聖王の徳を象り、（照耀光輝）を象る。

▽粉米、人のタノむところとしての依存度の高さを示し（民を養うものの象徴）、
▽黼《フ》は、斧で、よく裁断する決断力を象徴し（事にあたって、決断の象徴）、
▽黻《フツ》は、己の二字を背反して一双とし、君臣の可否相済を象ったという（両己、背き会う形、悪に背き、善に向かうを象る）。

▽　斧とマサカリ

「斧」「マサカリ」は、「斧鉞《フエツ》」という熟語にもなっている。
昔、中国で、征伐または重刑の意味でもある。また、「斧」「マサカリ」は、軍中での刑罰に用いた道具で、天子が、征討に行く大将に賜った。ヤマトタケルが、蝦夷の退治に行く時に、斧と、マサカリを授けられている。

後世の、『太平記』には、「義貞、今臣たる道を尽くさん為に斧鉞を把って、敵陣に臨む」というような用法もある。

なお、「マサカリ」は、「王」の字源であることもよく知られている。

王は、臣下と面会するとき必ずマサカリの刃を下に向けて王座の前に置いたのである。
「王」という字は、真ん中の横の線が、上下の線に比べて短くなっているが、これは、マサカリの形からきているとされる。ずいぶん古い時代の謂れである。

袞冕《コンメン》十二章とは、いずれも、君主に要求される諸徳、すなわち、敬神崇祖、公平無私、あるいは、日照雨降、五穀豊穣など、天地自然の恵みを受けるに足る物心両面にわたる恩沢（めぐみ・おかげ）と施与（施しを与えること）、事に当たっての決断、勧善懲悪などの諸徳の表示であって、君主にとって、至高の模様であるという。

起源は、非常に古く、中国古代の伝説上の皇帝、黄帝、尭《ギョウ》、舜《シュン》のころまで遡る、と言われている。「古人の法象（存在の法則性・属性）を観、途か、物を象って、服を制す」などの言葉からおして、これをトーテミズム文化の所産と推定している人もいる。

この模様は、中国各王朝によって若干の相違があるともいわれている。

清の乾隆帝の、教科書にも載っているような、お馴染みの、衿のあるデザインの黄色の服が、故宮の絨毯の上に展示されていたことがある。いわゆるチャイナ趣味そのものなのであろうが、精巧な様々な刺繍がほどこされており、その服にも十二章の模様があったのである。

ユウコはある日、テレビをみて、オヤと思ったことがある。

清朝の滅亡後、その皇帝の衣裳が、日本に流れてきて、和服の帯に作り替えられたものがあるという。

有名タレントが、その帯をしめていたのである。着物は、グレーがかったブルーに縦縞の入った生地で、紋の位置に、「四君子《シクンシ》」模様の刺繍が浮き出ている。その作り替えられたという帯には、「おたいこ」の部分に、五つ爪の龍が躍っている。見事な迫力ある模様になっていて、普通に趣味のいい組合せとは一味違った、押さえがちであるが、ヒザを打つような組合せで、実物はさぞかし、と一寸、感心したのであるが、考えてみれば、正倉院の御物の模様と同じ模様、いわゆる有職模様を織り込んだ和服の帯は、京都の有名な織屋で作られていて、茶席などではよくみられる光景ではなかったか。そう思い至ると、特別に新しい発想というわけでもなさそうだ、となぜか胸をなでおろしたようなふうである。

ともあれ、ユウコは、ずっと、資料の絵図の中の模様の、日の中の三本足のカラス八咫《ヤタ》烏《ガラス》が気になっている。

この鳥は、物語のなかで、憑依する。

カラスの鳴き声は、不吉で、拍子抜けする。朝から聞こえると、一日中、暗い気持ちになる。あの黒い濡羽色は、喪を連想してしまうからなのか。ところが、カラスは、数多い鳥類のなかで、もっともおりこうな部類の鳥であるらしい。

そこで都合よくなぜか思い出したことがある。小学生のころの学芸会でのことである。「迷子の小雀」という劇のようだった。オルガンの上手なやさしい男先生が、「ユウコが雀になったら、迷子の大雀になってしまうね」と歌うように言われて、今から思えば随分な話であるが、その時、黒いビロードの服を着せられて、カラスの親分（?）の役で、なにか一言しゃべって、同じ格好をした四～五人と、舞台を通過したようである。

カラスに縁があるなんて、ちょっと……であるが、このカラスが憑依をとげていくかのようにユウコの謎解きが続きそうなのである。

◆神武東征の道案内

ヤタガラスが道案内をしたという話は、記紀の「神武東征」の物語の中にある。神武は、甲寅年、四十五歳の時、東征を企てた。

日向の国をたち、筑紫、吉備を経て数年後（年月は、『記紀』で異なっているのだが）、に河内の国に入った。胆駒山（生駒）を越えて、大和に入ろうとした時、長髄彦《ナガスネヒコ》の抵抗にあったので、転じて、紀伊の熊野に向かい、天照大神の遣わした〝八咫烏〟に導かれて、奈良盆地南部に入り、在地勢力を従えて、ついに、長髄彦を討って、大和を征服した。媛踏鞴五十鈴媛命《ヒメタタライスズヒメミコト》を正妃とし、辛酉年に、橿原宮で即位し、始馭天下之天皇《ハックニシラススメラミコト》とよばれた。

この神武東征の説話は『記紀』に記されている有名な話で、天孫降臨以後の建国神話の一部であると考えられている。弥生文化の九州から畿内への伝播などとも関連して、その背景には、なんらかの歴史的事実が存在するという意見が多い。

この、建国神話、国づくりのものがたり、に登場する「ヤタガラス」は、「熊野神社」の「神紋」でもある。最近では、サッカーの日本代表チームの「エンブレム」になっていることもあって、よく知られることになった。

「この神紋と、ヤタガラスとは、何か関係があるのでしょうか?」

熊野神社の紋の謂れを解き明かすことが、ユウコが追求している「ある歴史の謎解き」の、ひとつのヒントになるかもしれない、と咄嗟に、お話を聞いている最中に思ったのである。

近隣には、玉垂神社や、天満神社など、様々な神社が数ある中で、ユウコの謎解きに現われる屋敷隣の神社は、なぜ「熊野」なのか……。もっとも、よくみればあの屋敷の周辺には、お馴染みの「稲荷」や、「天満宮」や、お不動さん、お地蔵さん、屋内には、観音さまもいたという、神仏混淆ぶりなのであるが、中世の屋敷には、四方位に、様々な神仏が祀られていたのだというが……。その熊野神社の神紋（神社の紋章）は、帝の、その御服にも印されているマーク（絵模様）だった……。「ホウ!」と感心ばかりではなくて、それがだんだん気になってきたのである。

回答は、「聖武天皇の十二章の礼服は、中国玄宗皇帝の礼服をそのまま模倣したもので、中国の模様です。左右とも、中国の日月です。熊野大社の烏は、三つ足で表現されます。これも、中国の日月の日を模していると思います。しかし、受け入れた時代は違いますので、十二章の礼服から熊野大社の烏文が生まれたのではありません。中国では、長く三つ足烏が、日を表してきましたので、熊野は熊野で、別のルートで受け入れたものと思われます。直接には、関係ないということです」というものであった。

御衣の持ち主だった聖武天皇の遺品は、光明皇后の発願で、正倉院に納められ、「勅封」がなされて、千三百年もの年月を経ていまなお存在する。

◆聖武周辺の話題

勅封の笋《タカンナ》の皮　切りほどく
鋏の音の　寒きあかつき　　鷗外

シルクロードの終点である奈良には、中国はもとより、西域、インド、ペルシャからの伝来を思わせる品々があるというのは、よく知られているが、そのつながりは、絹や布や、模様だけのつながりではなかったのだ。

数年ぶりに展示されたという人気の「螺鈿紫壇五弦琵琶《ラデンシタンゴゲンビワ》」という楽器は、現存する古代の五弦琵琶としては、世界で唯一の遺例だそうで、その意匠も、目の肥えた現代人を魅了する。弦をはる台座の全面に飾られた唐花文は美しい。これとそっくりの唐花文が、唐の玄宗皇帝が、天宝四載（七四五）に造立した石台孝経（中国・西安碑林博物館所蔵）の台座部分に見ることができるというのだ。当時の流行の絵模様というものがあって、そのころの人々にもてはやされたのだろうか。

意匠だけでなく、まだ、その機能も失っていなかったのだ。その五弦の音色が収録されたものが、会場で再生され、時々、響き渡っていた。

絵画にも描かれている玄宗の宮廷で、奏でられるその音色が、柳の風にのって洩れ伝わってくるような、と思いたいところだが、実は、すさまじい人の波にかき消されて、くたびれて、遺品を収めた光明皇后も予期せぬ出来事になっているのではないだろうか。

目録にしるされてはいるが、行方不明になっていた「陽宝剣」「陰宝剣」が大仏殿の須弥壇に納められていた、というニュースも、ナゾめいている。様々な習慣や、風習など、当時の人の目からみれば、もしかしたら、なんということはない単純なことも、千年以上もの時が経過すれば、一切、薮の中ということもあって、あれこれ議論しているのも、当時の人々の目からみれば、不思議な光景なのかもしれないのである。

古代史には、時に、奇抜、と思えるような説が登場する。

▽聖武天皇は二人いた話

一人は、文武天皇の子、「神亀聖武」。当時、大和朝廷の実権を握っていた長屋王が擁立した。長屋王の邸宅跡からは、さまざまな木簡も発掘されたりして、当時の様子を今に伝えている。大型スーパーの建設中に、発掘されて、話題になったところである。そこから、一キロくらいしか離れていないところに藤原不比等の屋敷跡があって、今は、法華寺となっているのであるが、整備された平城宮跡からは、双方見渡せる距離にある。

不比等没後、劣勢になっていた藤原一族は、長屋王に対抗して、渤海から中国北東部で生まれた文武天皇の子を連れ帰り、長屋王が擁立した聖武天皇を「天平聖武」とすり替え、長屋王一族を滅ぼしたという。

この説によれば、じつは、文武天皇は、新羅文武王・高文簡で、元明天皇に大和朝廷の後事を託して、中国東北部に遠征して、唐国と戦っていた。

「天平聖武」は、渤海使者として入京した、基王（高斉徳）であるというのである。常識的ではない話、教科書にはない話で、すぐには信じようもないのであるが、もしそれが、事実であったならば、どういうことになっているのか。

当時の日本をとりまく周辺国の状況や、往来の有り様、権力闘争の模様等々、新しい事実がわかるのか、こわいものみたさの興味津々のような心地になってきたりもするのだ。

そこでユウコの次の関心は、「では、後宮の妃は、どうなっているの？」

当時の後宮は、光明皇后と、県犬養広刀自、ほか、矢代女王・藤原夫人二人（武智麻呂、房前の女）、橘古那可智（佐為の女）であるといわれている。

そのうち皇子女を産んだのは、皇后と広刀自のみといわれている。「基王」は、光明子の産んだ子で、その年のうちに皇太子とされたが、翌年死去、というのが、通説のようなのだ。

広刀自が、安積皇子を産んで（あるいは、産んでいて）宮中の空気は、微妙に動いた。光明子の立后は、「長屋王の変」の後となっている。

聖武の母は、藤原宮子といい、この人も不比等の子とされているが、長い間（三十数年間）「うつ」の病で、幽閉されていて、僧、玄昉が、唐より帰国後、病を快癒させた。妃の病は、その昔にもあったのである。とはいえ、この宮子の病とその回復も、ナゾめいている。

▽　度重なる遷都

そして、聖武は、「遷都」を繰り返している。人がすり替わるというのは、戦国時代の「影武者」ならともかく、どのような事情があったのか……。

日本にも渡来してきたという濊《カイ》族は、朝鮮半島では、強勢な民族であった。その濊族の習慣のひとつとして、濊伝には、つぎのようなことが書かれているという。

多忌憚、疾病死亡轢損棄、更作新居
(忌憚が多く、疾病や、死者が出ると旧宅を捨て、新居を作る)

未開の民族に共通して、死体には、悪魔がいて、それが、人に災いをなすという、死体を恐れる思想があった、という。そのため、その集団全体が、他の土地へ移転していくというのである。

帝が変わるたびに遷都が行なわれた、というのは、そのような思想と、関係があるのかもしれない。ならば、帝は濊族だったのだろうか。
そうだとすると、遷都がたびたびに亘って行なわれたことは、すり替わるには都合がよさそう。滅多なことを……、とどこからか聞こえてきそうである。
父子別居の慣習もあって、現代の感覚から考えると、間違うこともあるのだ。さかのぼって、崇神・垂仁・景行など、代替わりごとに、磯城・巻向、などと王宮が替わっているということは、まだその統治範囲が、それほど広範囲ではなかったことも示唆している。時代は移り、進取の気性に富む(あたらしがりやの)聖武は唐の「三都制」に倣ったのだろうか。

平城京には、「第二大極殿」があって、聖武の時代に建てられているという。

幾度かの遷都のすえに、また、平城京に戻られたのだ。

そして、天平四年、その大極殿での、正月乙巳朔、正門に、鳥形の幡を立てる。左右に日像青龍朱雀、月像玄武白虎の幡が立て列ねられ、天皇は、始めて冕服をつけて、朝を受けられた。

完全に、中国の様式を模した、大極殿における正月の盛儀には、天皇もそれに見合う礼服を着装され、「文物の儀、是に於いて備れり」ということになっていたのだ。雲居の出来事は、下々には、不可解なこともあるのだろう。が、アニメのような奇想天外に思えるような説も、案外、本当の話ということもある。

今上陛下は、奈良の一三〇〇年祭の式典で、述べられた。

「桓武天皇のご生母は、百済の王女で、武寧王の女である高野《タカノ》新笠《ニイガサ》である」

はじめて聞いたときには、そういうことがあっていいものかと、まじめに思ったものである。

すでに、有名な説とはいえ、御言葉として、テレビニュースで流された。そして、新聞で、あのお言葉の内容は、専門家の意見も聞かれたものだ、というような記事をみれば、案外、この聖武天皇にまつわる奇怪な説も、単なるお伽話のようなものでもないのかもしれない。

隣の国にある、武寧王の墓の入り口の意匠も全く日本的に見えたりするのである。ちなみに、その武寧王の墓は、韓国の公州西郊の宋山里にある円墳である。日本の巨大な古墳とは比較にならないほどのものであるが、墓誌銘があり、被葬者と史料が一致している珍しい例といわれている。漆塗りのお棺は、日本の高野槙であるらしい。

◆隣の国で見たものとは

その少し前、韓国の清州と公州というところで「２０１０世界大百済典」という催しを見物した。

いくつかのツアー客の乗るチャーター機は、福岡からおしゃべりしている間に到着したのだ。帰りは、整備不良とかで、予定時間より二時間も長く空港で待たされて、散々であったのだが……。

▽百済展で袞竜《コンリョウ》と出合う

旧百済の王宮は、遠景になだらかな山を配して、ゆったりと、夢のように、どこかで見たような雰囲気を漂わせて復元されていた。

その宮殿の玉座の前方左側に、なんと、「袞竜《コンリョウ》の御衣」が、青紫と赤紫の綾で作られた御衣が、二着、衣桁にかけて展示してあるではないか。

「ラッキー！」

こういうこともあるのだ。

日本の書物に記されたとおりの袞冕十二章の模様が、鮮やかに刺繍されており、日の中に「ヤタガラス」の刺繍も見事に浮かび上がっていた。月の中には、立花の壺の彝《イ》に、兎と蟾蜍《センジョ》（月の中にいるというヒキガエル）を配して刺繍され、後に廻ると、和服でいえば、紋の位置あたりに、横に、「北斗七星」があった。

百済にも伝わっていたのだ。

「なるほど！」

と同時に、これはどうなっているのか、頭の中は、一瞬迷路である。

生地の綾というのは、テカテカのサテンのような光沢があって、昔のプロレス選手のガウンみたいで、表現に気をつけないと、不敬である、といわれそうだが、当時も、案外不評だった、というのもわかるような気がしたものである。

後日、日本でも、奈良一三〇〇年祭にちなんで、どこかのメーカーが、東大寺に寄贈されたという。なぜか、そちらの方は、日本的に色彩も洗練されて、本格仕様ではないかと思われた。

▽ 鞠智の百済仏も

別の会場では、熊本の「鞠智城跡」から出土したという金色の「百済系《クダラケイ》菩《ボ》薩《サツ》立像《リュウゾウ》」が展示されていた。

この百済仏が発見された当時、現地で公開された、あの小さく黄金に光り輝く、百済仏である。全く同じ形の青銅製のものが、並べて展示されていた。山鹿灯篭の踊りの人形もあった。百済に、奈良のブースがあるのに不思議はなかったが、熊本のブースもみようとは、その時まで思いがけなかったのである。

九州、熊本の古代の「鞠智の山城」は、よくぞ、このような場所を見つけたね、と思えるほど山中ではあるが、さらに遠方はるかに山々が連なり、一瞬、雲に隠れると消えてなくなりそうな雰囲気をたたえた山の、丘陵地にあって、そこの谷底で、百済仏が発見されたというので話題になったことがある。

▽　テーマパークにいた

それよりずっと前のことであるが、それも、韓国を旅行した時のことである。連れがヨン様のファンで、誘われた。

済州島には、「大王四神記」のロケ地がつくられており、テーマパークのように大がかりなものであった。バスの中から、〈黄色い甍〉の波が見えた。多くの建物の中には、日本の東大寺などの寺院の屋根と見紛うような形のものもあってほぼ同一文化圏にあったことを、否応なく感じさせられる。

「大王四神記」のスポンサーホテルは、島の地形を生かした造りであった。山の上を走ってきた感覚はなかったが、道路と地続きの八階の玄関正面から、真っすぐ海が見えた。南欧風のように見えるが、宝珠と蓮をイメージしているようなしつらいもあったりして、どこか東洋的である。

夜になると、庭園のさりげない岩山が、暗やみの中で、火山のように幾度となく爆発した。何事かと、一瞬、驚いて見ると、下の方の池からも、虹色の光を発して、水が、火炎のように発射しているように見える。なにか、「火祭り」を連想させるような趣向のようでもあるが、あるいは、花火大会のようなものかもしれない。

前方は海である。その一角に面した、別のホテルの窓は、光がこちらの庭園側に漏れないように、真っ暗である。そのホテルの名は、「新羅」（チェジュシーラ）。

漁村にすぎなかった村が、リゾート地に変わり、歴史をちりばめて、観光客を楽しませる趣向のようである。

京畿道九里市峨川洞山というところに行った。ユウコの連れがまた、ヨン様のロケ地を見たいというので、オプションで申し込んだのである。ワゴン車の中は、屈強そうないかにも前時代の韓国人を思わせる顔立ちの運転手と、お笑いの横山やすしに似た、日本の大学を出たというガイド、そして、乗客は、連れと二人だった。今日では、四～五年前でももう古い話になる。

　ガイドの話では、「数日前、福岡からきたというオバサンたちに、ペ・ヨンジュンといったら、『ヨン様』と言いなさい！」と、怒られたそうである。あれこれ、にぎやかに連れのおしゃべりにもつきあっているうち、どこを走っているかわからなくなった。が、標識や看板のハングル文字を除けば、日本のどこかの風景とさして違わない。サクラの季節には、慶州マラソンが行なわれている場所だというところも通過していった。途中、山の表面に、たくさんの半球型に土盛りがなされ、緑色の芝草におおわれたような、見慣れない景観を呈した低い山があった。聞くと、

「あ、あれは、お墓です」

　円墳の超小型版の群れのように見えてしまった。

　九里市に入ると、道路脇の、警察署前の広場に、銅像が見えてきた。ガイドは、

「あれは、広開土王の『銅像』です」

「エッ！！　銅像があったんですか？　『碑』は、教科書に載ってるほどだけど……一寸、止めてください。写真とるから！」

　小走りして近づくと、金銅のようにキラキラして、見上げるような位置に好太王の像があった。勇壮な騎馬武者の姿をイメージしていたユウコは、「あら、七夕さんの絵のような……！」と思いながら、携帯のカメラにおさめて戻ると、ガイドは、

「あれは、最近作られたものです」

「……それを先に言ってくださいよ！」

中国の吉林省にある本物の広開土王碑と同じ実物大のものが、銅像の横に建てられる予定、ということであった。

そうこうしているうちに、「高句麗鍛冶屋村」というところに着いた。ここも、ヨン様の「大王四神記」のロケがあったところという。足元がぬかるんで、大小の石などが、散らばっている。

日本でいえば、破風造りの屋根のある、まだ骨組みだけの建物は、工事中だった。展示室になる建物らしい。峨嵯山《アチャサン》から出土した高句麗の遺物を展示する予定だということだった。「〝アチャサン〟って、花菱アチャコ（上方お笑い）さんみたいで、京都の『嵯峨《サガ》』という地名をひっくり返したような……」と、ユウコは、一寸、可笑しかったが、すぐに、ある連想が浮かんで真面目な顔になった。

屋外展示室（鍛冶屋村）は、閉館中であったが、外から、一部、全容を見通すことができた。高句麗の鉄器文化を体験できる施設として、計画されている場所でもあるという。

五世紀の広開土王の頃には、東アジア最強の軍事力をもって、広大な領土を占有した。それは、高句麗が、強力な鉄器文化を保有していたがゆえに可能だったといわれている。

ガイドの話では、広開土王役で熱演しているペ・ヨンジュンが、ここ鍛冶屋村で、撮影している時に発見された、「峨嵯山大岩顔」というのが見えるという。

「峨嵯山」というのは、そこから見える、丘陵のようななだらかな山で、高句麗遺蹟の宝庫ともいわれている山というが、そこに、人の顔をした岩があるという。

威厳のある重々しい雰囲気の、いかにも将軍らしい顔に見えるというのである。ペ・ヨンジュンが立っていた位置からしか見えないそうで、足元が悪くて立ち位置が悪かったせいか、それは、見えなかったのである。

連れは、「ゴロタ石ばかりで、こんなところに連れてきて！」と、おかんむりであった。

本人は知らないだろうが、広開土王等と同時代にも、中国、東アジアで様々な氏族の興亡が繰り返された。偶然にも、「中原に覇を競った将軍」のような姓をもつ老夫人であるこの「連れ」は、「知らぬが仏」「ヨンさまファン」を装って、本当は、よーく知っているのかもしれない。

そうこうしているうち、ユウコは、あるものを目にした。

閉館中の鍛冶屋村の入り口に防柵橋があり、その中央の左右二枚の杭を並べたような扉の中央に、直径五十センチくらいの円形の銅板がはめ込んであった。近寄ってみるとその模様が、なんと、典型的な、「三本足」の「ヤタガラス」ではないか！

ガイドはあっさりと、

「それ、〝高句麗のマーク〟です。」

ウソではなかった。

それから、年月と時間が少々経過したころ、テレビで、「朱蒙」という韓国のドラマが、放映された。高句麗を建国した大王の物語である。そこには、朱蒙が、この鳥を、建国の旗印としていたことが、よく映しだされている。

ユウコは　ドラマの中ではあるが、あのような昔から、旗印、というものがあったのか、と思いながら、画面をながめていた。日本でもどこかで見かけた旗印を、みつけた。「三つ巴」の紋ではないか。案外、あちこちで見かけるが、八幡宮の神紋なのではないか。「どうしてそこにでてくるの?」という疑問は、おいおい、あとで解決しよう。千余年以上も後の日本の戦国時代にも、様々な旗印が合戦時に用いられたのだ。

秀吉の瓢箪、今川の赤い鳥、織田の木瓜等々、戦いの作法までも伝来していたのだろうか。現在は、数多くの家紋が、紋付や提灯に使われているが、必ずしもそのルーツを表しているとはいえないことも多いらしい。

遠い遠い昔の合戦は、猿蟹合戦のような童話のように受けとめてしまうが、民族の存亡にかかわった重大事であったことを忘れている。

旗印の中の、ヤタガラスの描かれ方は、飛翔の姿と、静止し、エンブレム風の、鍛冶屋村の銅板の絵とは、少々異なるが、「三足カラス」であることに違いはない。

広辞苑によると、三足カラス＝八咫烏とは、中国古代説話では、太陽の中にいるという、三本足の赤色の烏の日本での称＝金烏とある。月に兎がすむ、という伝説のようなものである。

七千年も前に、中国長江流域の人々は、「太陽は、鳥によって運ばれている」と考えていた、という伝説があるのだ。

「太陽は朝生まれ、夕方には死ぬ。その永劫の再生と循環を支えているのが、鳥であった。鳥と太陽は、密接、不可分の関係にあった。三千七百年前、長江上流の四川省三星堆遺蹟からは、青銅製の扶桑の木に止まったカラスが、太陽を運ぶ姿が造形されていた。長江上流・中流・下流のそれぞれに、太陽を運ぶ鳥の原型は、カラス・ニワトリ・水鳥と、姿形は異なる。のちに、巨大な怪鳥、鳳凰などともなる。

カラスの足がなぜ、三本足なのか、というのは、よくわからないが、当初は、普通に二本足だったという説もある。

中国、雲南に七世紀から一三世紀ごろ繁栄した、南詔大理国という、雲南の少数民族が建国した仏教国があった。そのシンボルが、崇聖寺の大理三塔といわれる三つの塔である。この塔の最上階から、大鵬金翅《し》鳥という、銀鎏製の高さ二十センチばかりの、怪鳥が発見された。

この鳥が、これらの塔の守護神であり、一日に大龍一匹、小龍八匹を食べるといわれる。

三塔を建立したのは、龍によって、度重なる大雨と、洪水がひきおこされたためで、その龍を三つの塔で押さえ込むよう、建立されたというのである。この三つの塔とは、大鵬金翅鳥の三本足に他ならない」

ヤタガラスとは、カラスではあるが、怪鳥なのである。

「ヤタガラス」の登場するところ、その共通項は、「高句麗」建国のシンボルであり、日本では、太陽神である天照大神が、神武の道案内に遣わした鳥である。いずれも「建国のものがたり」の登場人物、いや、登場する鳥なのである。

◆熊野神社の本宮は何処

　そうしてみると、熊野神社にも何か、物語が、隠されているのだろうか？

　熊野神社の祭神は、ユウコの住む土地の神社では、「イザナギ・イザナミの命」ということになっている。郷土史誌に、そう書かれている。近代の、「日清、日露戦争の戦没者の碑も一緒に境内に在る」とある。

　日本の神話で、イザナギ・イザナミの神は、「天つ神」の命を受け、わが国土（大八洲国）を生み、山海草木から森羅万象に関する八百万の神々を産み、最後の三貴神・アマテラス（天照）・スサノオ（素戔嗚）・ツクヨミ（月読）を産むことになっている。

　神話とはいえ、この国土を産んだ神、拝み上げたくなる神が祭神であった。やっぱり、「建国の物語」にかかわっていた……。

　田舎の神社は、村の鎮守の神様、氏神様なのだろうが、いわゆる社の杜の中に、今では、市民となった村人から、忘れ去られたような佇まいに見えてしまう。

　この熊野神社も日本全国あちこちに、鎮座しているだろうが、総本宮はどこにあるのだろうか？

「熊野」といえば、紀伊の熊野本宮大社を思い浮かべる。白河院が、参詣された話は、『愚管抄』にも記され伝えられ、「熊野詣」は、後世でも有名になった。神話の神武天皇の一行も、迂回して、熊野に上陸した。たぶん、ここだろう、とユウコは思っていた。

ところが、「出雲の熊野大社」には、「熊野の本宮の神」は、「出雲」から「紀伊」に炭焼き職人（技術者）が移り住んだ時、一緒に行った出雲熊野大社の神主が祀った、「熊野大神の分霊」であるという伝説があるという。「出雲」だった……。

本家本元より、分枝のほうがよく知られ、栄えている例は、神社に限らない。

黄泉国に近いところといえば、出雲である。出雲と熊野は、この点では似たところがあるといわれている。

では、「出雲大社」じゃなくて、出雲の「熊野大神」とは、いったいどういう神様なのか。

ユウコの謎解きは、ここから、新たな展開になりそうな予感である。広がりすぎて、収拾がつかなくなったら、また、元に戻ろう、と思い直して、前進である。それにしても、アタマの中の仮説はときどき軌道修正に迫られる。何でも？　証拠物件にしなくっちゃ！

出雲といえば、縁結びの神様、「出雲大社」こそが、出雲を出雲たらしめる、代表的な最古の神社と思っている人が多いだろう。ユウコもそう思っていた。

ところが、ちがうというのである。出雲大社は、もとは、「杵築大社」とよばれていて、記紀成立のころの創建と考えられている。そして、八世紀末ごろには、出雲国造家が、東部の意宇から、西部の杵築に移るとともに杵築大社が栄えるようになり、熊野大社は次第に衰えて、出雲一の宮の地位もいつしか熊野大社から、杵築大社（出雲大社）に移った（現在は、双方共に、出雲一の宮といわれている）。

『出雲国風土記』によれば、出雲族が古代から主神として祀っているのは、「熊野大神」であるという。

熊野大社年表によると、

斉明天皇五年（六五九）「日本書紀」に出雲国造に厳の神の宮を造らしむ。
天平五年（七三三）「出雲国風土記」に熊野大神の記載あり。
承和元年（八三四）「令義解」に、熊野大神の記載あり。
延喜元年（九〇一）「日本三代実録」に熊野大神の記載あり。
延長五年（九二七）「延喜式」に熊野大神、熊野大社の記載あり。
建久元年（一一九〇）源頼朝が、熊野荘五百貫の地並に、山川を寄進。
暦応二年（一三三九）足利尊氏が、熊野荘五百貫の地並に、山川を寄進。
中略
明治四年（一八七一）社格制により、国幣中社となる。
明治十年（一八七七）伊邪那美神社、稲田神社を摂社に定める。
明治四十一年（一九〇八）境内に日露戦役従軍者記念碑建立。

題字…海軍大将　東郷平八郎。

昭和九年（一九三四）　澄宮（三笠宮殿下）参拝

昭和一〇年（一九三五）　久迩宮妃参拝

昭和二七年（一九五二）　近衛文麿の参拝

昭和四一年（一九六六）　境内に「八雲立つ～」歌碑除幕

ところが、八世紀はじめに作られた『記紀』神話には、出雲の最高の大神ともいわれる「熊野」については、書かれていない。無視されている、という説もある。

熊野、と名乗る神は、『日本書紀』には、「熊野櫲樟日命」というような名もあるが、この命は、素戔嗚尊が、天照大神の、髻《ミズラ》、かずらや、腕に巻き付けておられる、八坂瓊《に》の五百箇御統を求めとって天真名井にすすいで、ガリガリと噛み砕き、吹き捨てる息の狭霧で産んだ神、五柱の男神の一人である。この神を始祖とする氏族は、記紀ともに記されていない。出雲の熊野神社の祭神とする説もあるが、『出雲国風土記』や、「出雲国造神賀詞」の所伝と合わないというのである。

▽　古伝新嘗祭

出雲国造家が、古代から継承している「神事」は、「熊野大神」こそが、出雲国造家が本来、斎き祀る神であることを伝えているというのだ。それは、「古伝新嘗祭」という祭祀にあらわれている、ととなえる人もいる。

明治維新までは、「新嘗会」とよばれており、熊野大社よりも集落寄りの神魂神社（かっては、出雲国造家の邸内社あるいは、熊野大社の離宮であったといわれている）で行なわれていた。それ以前は、熊野大社で、行なわれていたと考えられている。

この祭りは、毎年十一月二十三日に行なわれる収穫感謝祭であるが、その実施の前に、出雲大社宮司は、熊野大社を訪れ、古伝新嘗祭に使用する神聖な火を起こすための燧臼《ヒキリウス》と燧杵《ヒキリギネ》を受け取る。出雲国造は、かつては、この火で調理した料理しか口にできなかった。また国造がなくなると、その承継者は、一昼夜をおかず、この燧臼と杵を持って裏門から出て熊野大社に急行し、そこで切り出した神火で、調理した食物を食べることにより出雲国造になれる、というのである。

熊野大社は、「火」の発祥地として、別名「日本火之出初之社《ヒノモトヒノデゾメノヤシロ》」とも呼ばれている。伝承は、今も引き継がれているという。

熊野大社の所在地は、松江市から十五キロメートルほど内陸の、標高六一〇メートルの天狗山の麓、意宇川のほとりである。

当初は、その場所ではなく、その社から四十分ほどかけて登って行った天狗山（以前は、天宮山あるいは、熊野山とよばれたという）の頂上近くにあった、磐座《イワクラ》であった。

現在では、毎年、五月の第四日曜日に、磐座の前で、元宮祭が行なわれている。このような人里離れた山の頂上近くに鎮座する神は、出雲族の主神であり、出雲全体を守る神であったのだろう、ともいわれている。

その神名について、『出雲国風土記』では、イザナギの麻奈子（愛児）である「熊野大神櫛御気野命」といい、また、『延喜式』に収められている「出雲国造神賀詞」では、「伊《イ》射那岐《ザナギ》の日真名子《ヒマナコ》加武呂岐《カブロギ》熊野大神《クマヌノオオカミ》櫛御気野命《クシミケヌノミコト》」という。イザナギの真愛子《マナコ》（いとしい子）とあるので、スサノオと同一神であると説明されている。

ところが、これは、記紀の神に附会することにより、官幣社に列するための方便であるという意見がある。

「神社の祭神や由緒書には、しばしば、政治的妥協の影響が見られる。官幣社や国幣社に列するかどうかは、経済的にも、信仰的にも、神社の繁栄に大きな影響を及ぼすことになる。このため、本来の主祭神とは違う神が、主祭神として迎え入れられ、本来の主祭神は、摂社、末社に祀られていることも多い。従って、由緒書とは別に、地元の伝承が、残っている場合は、地元の伝承のほうが正しいことがある」という。

時代を経ると、様々な習合がなされたりもしていて、いろいろ複雑になっているのだ。

神社の説明書きによれば、紀伊の国の熊野信仰の広がりによって、クマノノオオカミ（熊野大神）を祀る熊野大社も、その影響を大きく受けることになった。それが、現在の熊野大社から四百メートルほど上流にあったという「上の宮」である。当時はこれに対して「下の宮」とよんでいた。下の宮が建てられたのは、鎌倉時代とも記録されているが、「上の宮」は、いつ建てられたものかわからないという。『雲陽誌』によると、上の宮には、ハヤタマ（速玉之男命）・コトサカオ（事解男命）・イザナミ（伊邪那美）の三神が祀られている。下の社には、アマテラスオオミカミ（天照大神）・スサノオノミコト（素戔嗚尊）と他の八神を祀る。

人々は、上の社を「熊野三社」と呼び、下の社を「伊勢宮」といっている。現在の熊野大社の位置がその下の宮である。

上の宮は、紀伊国の熊野信仰と渾融し、熊野修験者が中心となり、祀った神社と考えられるともいう。現在も天狗山の峰続きには、寺の跡が見られ、また、地元には、天狗山に登って修行していた人々がいた、という伝承が残されている。

天狗山の所在する八雲村のホームページによると、「頂上近くに存在する磐座一対のひとつは、熊野大神のご神体である。他のひとつは、熊野大神をお祀りする大国主（大穴持）のご神体である」という。

櫛御気野命のミケは、食物の意であるため、食物生産を司る神であり、『穀神』である。熊野大社の説明書（熊野大社崇敬会・平成一九年）に掲載してある磐座の写真をみると、確かに二枚の大岩が壁のように向かい合ってそそり立っており、その下には、大穴が存在する。磐座は、幅十メートル、高さ三～四メートル、くらいの大きさであるが、下部にある大穴は、幅五～六メートル、高さ一メートル前後、深さ一メートル以上ということであり、昔は、この大穴の中に、お供え物を置いていたということである。

「イズモ」は、「出雲」という字である。雲は、霊魂の心的表象として古代の人々には受け取られた。日を遮るものが雲、つまり、天照を遮る者、スサノオ、オオクニヌシそのものである。ヤマタノオロチも雲わくところ、ととなえる人もある。本来の意味は、「いつ」は、「厳」であり、「モ」は、「モノ」であるという。「モノ」は古語であり、「物の怪」の「モノ」である。

「オオクニヌシ」と同一人物とも、そうではないともいわれている、大和三輪山に祀られているオオモノヌシ「大物主」という神がいるが、このモノである。《「モノ」とは、霊魂のことであり、イズモとは、「厳霊」（おごそかな霊）のことである》という説がよく知られている。

「厳」という字は、「巌（岩）」の原字、である。〔漢字源〕

霊は、何でも厳かでおどろおどろしい。これは、「巌の霊」と解釈したらどうなるだろうか。

熊野の神は、巌がご神体であり、三輪山の大物主のご神体は、「大岩」「巌」なのだ。

奈良の天理市布留にある石上神宮も、本殿のない社であった。現本殿は、大正二年（一九一三）に竣工したものであるという。

神社といえば、前述のように、社の杜の中に、本殿や拝殿、など、神々のまつりの建造物を連想しがちである。が、本殿の造立自体がむしろ社の歴史では新しく、その原初の姿は、巨石に、神や精霊の降臨を信じ、その鎮座をあおいだ磐座（いわくら）、神聖な樹木を神や精霊のよりしろと感得した神籬《ヒモロギ》、聖域を示す磯城や、磐境などに見いだすことができるという。

巌（巨石）や樹木を、神や精霊のよりしろとした日本列島より、もっと古い、似たような習俗をもつ民族もいた。

数千年前の、長江文明を担ったといわれる、少数民族の苗族（ミャオ族）、という民族である。二〇〇〇年ごろでも、中国広西省、融水県苗族爺自治区に、苗族の村があるそうである。そこには、日本の弥生時代を思わせる高床式倉庫があり、「耕して天に至る」と日本で語られた「棚田」が広がっているという。広場には、蘆生柱《ロショウ》という柱が立っている。苗族の生命世界の根幹を司る宇宙樹であるという。

お祭りの時などには、この、蘆生柱を中心にして、美しく着飾った男女が、ぐるぐると輪になって踊るという。この柱は、フウの木で作られる。マンサク科の落葉高木で、中国名、楓香樹という、巨木である。現在の日本には、皇居の吹上御苑に大木があるともいわれている。

フウの木で作った蘆生柱の先端には、鳥が止まっている。鳥は太陽の昇る方向を向いている。鳥のかわりに、ひょうたんやコロナを星型に発する太陽がついているものもある。苗族の祖先は、ひょうたんから生まれたという伝承もある。

そして、蘆生柱の下には、かならず、水牛の角か、それを木で、かたどったものがつけられる。苗族は、十三年ごとに、先祖の霊を祀る牯《コ》葬節というお祭りを行なう。牯とは、水牛を意味する。山間部では飼いにくい水牛をなぜ犠牲にするのか。それは、苗族が、かつては、水牛の飼育に適した平野部の低湿地帯で生活していた名残のようであるという。
「牯葬節は、一名、鼓礼節ともいわれる。フウの大木をくりぬいて作った太鼓に、祖先の霊を封じこめて、山の洞窟におさめるのである。白竹村の高床式住居の背後の土塁の上には、二本の巨木、フウの木があった。

　伝説では、苗族の人々が、江漢平原からここに逃れてきた時に、記念に植樹したものという。その樹齢は三百年くらいである。

　土塁の入り口は、幅一・五メートルほどの狭い通路になっている。入り口の左側には、村の掟などを定めた時に建てる堅岩があった。文字をもたない苗族は、なにか、村で約束ごとを取り決める時や、掟を定めた時に、「堅岩」とよぶ石を建てた。

　湖南省城頭山遺蹟からは、六千年前の祭壇が発見された。祭壇に埋葬された人骨のとなりから、円形の凹型に埋められた石が発見された。城頭山遺蹟は、レス（黄土）の大地に立地している。したがって、石があるということは、自然の状態であるのではなく、人間が、なんらかの目的をもって置いたものに違いない。この遺蹟からも文字は発見されていない。おそらくこの六千年前の祭壇から発見された石も苗族の堅岩と同じ意味をもつものであったろう」

　日本人の過去の習俗のルーツのように感じられるものがある。長江文明の担い手は苗族であり、長江文明の崩壊とともに、日本列島や台湾への大民族移動もあった可能性も高くなってきたという説もある。

何千年ものあいだには、様々な民族、部族が、中国大陸の内のみならず、半島や、日本列島にも、おおいに移動が行なわれたのではないかと思われる。

ごく最近の苗族の暮らしは中国の発展、近代化と共に大きく変貌しているそうである。

大物主は、大穴持命・大国主命ほか、いくつかの名前のある神である。出雲族を代表する神であるという。この命が「国譲り」をした。大和朝廷は、これら先住民族から、「統治権」を禅譲された。神話は、そう伝えている。が、朝廷が、全国を支配するに至るまでには、先住民の様々な抵抗があって、まだまだ時間を要している。

大国主命が祀られているのが、出雲大社である。記紀によると、出雲大社の宮司である出雲国造家は、アマテラスの次男、天穂日命《アメノホヒノミコト》となっていて、天皇家とつながっている。

この出雲国造家は、「古伝新嘗祭」という祭祀を継承している。これが、皇室の「大嘗祭」に似ている、という。稲作儀礼ということになっており、毎年行なわれる新嘗祭と同じようなものという。

勤労感謝の日の祝日は、戦前は、「新嘗祭」とよんでいた。宮中で、大嘗祭は、一世一代の行事とされている。昭和から、平成に替わったときの大嘗祭は、まだ、記憶に新しい。

古代の、天皇即位の時、すなわち、「大嘗祭」には、物部氏が、天皇霊を著け奉った。神武東征説話では、物部氏の祖、ニギハヤヒが、神武天皇に従ったために、長髄彦《ナガスネヒコ》は、力を失って滅んだ。ニギハヤヒの神を祀って代々の主上（天皇）に、その霊を鎮魂することを司るのが、霊部（物部）の職であったという。

天皇が、「オホキミ」と呼ばれていた時代、「オホキミ」は宗教的な司祭であり、それゆえに、その地域を統治する政治的な力も持っていた。王は、シャーマン（巫王）でもあり、その霊力によって、穀物を実らせ、クニを富ます、という役割もあったわけで、今も、それが消えてはいないといわれている。

オオキミは　神にしませば　天雲の　雷《イカヅチ》の上に　いほりせるかも

柿本人麻呂

と次第に天皇を神格化していった、天武、持統あたりになると、新しく服従した蝦夷や隼人などの種族の代表者も参列して、諸国から人々が集まってお祝いをする、あるいは、強制的にお祝いをさせる、ということになっていく。

皇室の最も伝統的な宗教儀礼である大嘗祭が、ある意味、日本の民族行事の集大成であり、民間伝承の最高の表現である、という説もある。

ところで、皇室と似たようなことを行なうのは、恐れ多いことではないか、というのが、一般の理解なのであるが、「出雲の方が古い」というのである。

▽　高句麗東盟祭

その祭祀は、紀元前三七年ごろに興った「高句麗」の「東盟祭」という祭儀とも共通する部分が多いという。

「東盟祭」というのは、十月に天を祭って国中が大会し、これを「東盟」とよんだ。始祖、朱蒙の謚名《オクリナ》でもある。

高句麗東盟祭と出雲国造家が伝えてきた古伝新嘗祭というものは、どのような祭りなのだろうか。

○神名は、高句麗東盟祭が、〈隧神「大穴の神」〉出雲新嘗祭が、〈熊野大神櫛御気野命〉（以下、同順に記す）

○神の地位は、〈高句麗の主神〉と〈出雲族の主神〉

○神の性格は、〈穀神〉と〈食物の神（穀神）〉

○神の所在は、〈国の東の郊外〉と〈出雲東部・人里離れた場所〉

○神の住む場所は、〈大穴（隧穴）〉と〈磐座の大穴〉

○祭祀の日は、〈十月〉と〈旧暦十月〉

○祭祀の場所は、〈国の東の川のほとり〉と〈出雲東部の意宇川のほとり（熊野大社↓神

魂神社→出雲大社〉〉
○祭祀の性格は、いずれも〈収穫感謝祭〉
○祭祀の主催は、〈高句麗王〉と〈出雲国造〉
この東盟祭というのは、国王自らが親祭（主催）した国家的大祭で、その一大行列には、貴族大官が、それぞれ錦繍金銀で美美しく着飾り盛装して、参加したという。その様子を描いたのではないかという絵が、その国の古墳に描かれていた。いわば、大名行列と祭礼の山車が合わさったような、賑賑しい雰囲気が感じとれるようである。

その国都の東に大穴があり、隧穴神（岩屋）と名づけている。この東盟の祭儀は、「岩屋の神を王都の東郊の水辺に迎える祭り」で、十月の国中の大会には、この隧穴神を迎え、国都の東水の上（ほとり）に還してこれを祀り、木鐩を神座におくのである。

この祭りの神は、常には、隧穴の中にあり、祭礼の時に至って迎えられて国都の郊外に移されるという、いわゆる、迎神渡御の行事であった。

「迎神渡御」という言葉に、ハハア、今でも、よく知られたお祭りで、神が「お旅所」に立ち寄られるようなものか、とユウコは、わかったような気分である。

そして、十月は、「神無月」というが、出雲は「神有月」、全国の神様が集合する、との謂れなのであろう。

神体としての「木鐩」とは、正しくは、木の鐩という字の「禾」の字は、穂の秀でる貌をいう語であるから、木で作った穀穂か、あるいは、木に穀穂を結びつけたものか、いずれにしても、穀穂を象徴したものだろう、と解されている。

それは、まさしく歳神（五穀の豊年を祈る神）の聖標を神体として、神座に奉安して（安置して）、国家的な収穫祭である盛大な穀神迎えの儀式を行なったのである。

こうした儀礼は、水旱（水害や旱魃）を整え、豊穣をもたらすことを使命とした「扶余系高句麗」の王者にふさわしい祭儀であった、というのである。

古代の王者の収穫儀礼は、類似のものが、その他の国々にもみられる。

高句麗の東盟祭は、「朱蒙」を「東明王」としていることから考えあわせると、隧穴の穀母神と御子神、東明の降誕を記念して祝う、収穫時の行事であったのではないか、という。

出雲国造が祀った神は、熊野大神であり、そのお祭りは、高句麗の東盟祭と共通点が多い。ほぼ同じといえる。

それならば、出雲国造の祖先は、本当に、アマテラスの次男の天穂日命《アメノホヒ》だろうか？　という疑問が生じる。神話だから、神話的に解釈しないと……。とはいえ、記紀の天孫降臨の話より古いと思われる、出雲族がまつる熊野大神の祭祀を、天照の子孫がはじめから行なっているのだろうか？　これも、禅譲されたのだろうか。それとも、奪ったのか……。

出雲国造家の始祖が、大穴持命であり、祀る対象が熊野大神ということであれば、地元（意宇）の伝承とも一致し、また、出雲大社で、大国主命を祀ることも自然に理解できるという説もあるのだ。

農耕豊穣を守る神々を祭神としている神社には、相撲を神事として行なう習慣が残っていた。相撲は、神賑わいや競技である前に、年間の豊凶を占う厳かな神占いであったということである。宮廷でも、初秋の行事として、相撲の節会が催されていた。

『日本書紀』垂仁紀によれば、史上初の天下一の力士になった野見宿禰は、出雲出身である。出雲新嘗会に深く関わっている神魂神社には、野見宿禰が、当麻蹴速との試合の前に、修業のために篭もったという伝承があり「霊現地宿禰岩」と称する天の岩屋がある。「古絵図」には、熊野大社の上の宮に、「土俵」が描かれている。

古代の高句麗にも神事として、相撲の習慣があった。高句麗角抵塚古墳（五世紀中国側）に、それを窺わせる壁画がある。高句麗の五部制（民族制、あるいは貴族制）についての記述のある貴重な写本によると、桂婁部、絶奴部、順奴部、灌奴部、涓奴部などの氏族（貴族）の別名として、黄部、黒部、青部、赤部、白部という、という記述がある。これは、五行説の方色に基づいた名称であるという。三世紀ごろの高句麗には、陰陽五行説などの、中国の古代天文学と結びついた古代思想が入っていたと考えることができる。これが土俵の屋根にかかる赤房下、黒房下などという、房の謂れであるという説もある。

相撲のルーツは、解明されていない。『漢書』に、「春、角抵戯（相撲）を行い、三百里のうち、みな、之れを見る」。

後漢の順帝（永和元年〈一三六年〉）には、「扶余王を帝は、東の門を作り笛太鼓、角抵戯でもてなした」。中国の古代、つまり、日本の国家がまだできていないころから、相撲は、行なわれていたのだ。　古代の国家、あるいは、部族の兵力のいかに強いかを誇り、見せる場だったともいう。

中国民族自体が、出自の違う種々の民族によって、形成されていることを考えると、北方遊牧民族に相撲のルーツのある可能性が高いといわれているのである。

もしかしたら、大相撲の白鵬らは、ルーツの国からやってきているのかもしれない。

一方、「角抵」は相撲というより雑伎、伎楽一般のこと、つまりみせもののひとつであったという説がある。

日本の古墳時代にみられる埴輪や装飾付須恵器の力士の表現は葬送儀礼とも関連しているともいう。中国古代の角抵と系譜を異にし、かつ、高句麗古墳壁画の角抵とも異なっているともいわれる。日本文化理解の基層にかかわるようなことは一筋縄では行かないことを示しているようである。

出雲経由で、全国に広まった可能性があるように思われるが福岡県の大和町に、「雲龍の里」がある。横綱の土俵入り「雲龍型」の雲龍である。江戸時代と、時代は大いに下るが、古代大和の名を置く土地に、相撲の巨魁、横綱が、誕生しているというのも、なにか、因縁めいている？

さて、高句麗のマークと、熊野大社の神紋とは、同じであった。

神話には記さない、日本列島での国づくりのはじまりの頃と、高句麗、という古代国家は、思ったより関わりがあったのではないか、と自然に思えてくる。あの奈良の高松塚古墳の壁画には、それと思える衣裳をまとった人物が描かれていた。石室の天井には、天帝を意味する星宿、壁画には、四神が描かれている。つまり東に青龍、南に朱雀、西に白虎、北は、亀と蛇の玄武。星座を具象化したものとも考えられているが、韓国ドラマ「幻の王女チャミョンゴ（自鳴鼓）」では、それらの絵を描いた旗を指して、「これは、部族を示すものよ」と言っていた。

約一キロメートルほどのところの「キトラ古墳」も、高松塚と共通点が多いといわれている。「朱雀」の壁画の見事さは、当時の絵画の水準の高さを示すともいわれている。ここでは、すでに滅亡した高句麗の故地で盛んに行っていた壁画墓への遥か遠い記憶が再び呼びさまされた結果だと推測する説もある。

▽ 出雲の熊野へ

ユウコは積雪の山道を通過して、熊野大社へ向かった。

前以て地図で、その所在を探していると、近くに「大東」や、「八代」など、曰く有りげな地名が現われた。

さておき、目的地に到着すると、駐車場の西側に、大きな鳥居が見えた。これをくぐり、意宇川にかけられた橋を渡って、境内に進む。この橋だけ、朱色に塗られている。雪をかぶった木々の緑に映えて、殊更神域へ分け入って行く気配なのである。

正面に拝殿、その背後に、スサノオノミコトが祀られているという本殿が、わずかに姿をのぞかせる。右手、舞殿には、菊の紋章が染め出された紫色の幕がはられていた。

左手には、鑽火殿、鑽火祭が行なわれるところである。その他、スサノオノミコトの妻、イナダヒメノミコトを祀る稲田神社をはじめとして、小さなお社が摂社としていくつも並んでいるのは、他の神社でもよく見られる光景である。

出雲大社に比べれば、静かな山あいの中の静謐なたたずまいで、寒気が、さらに辺りの空気を澄み渡らせるようだった。そして、どこからともなくささやかれる神社の由来が、より由緒ある神宮に見せているようでもあった。

ユウコは、拝殿まで進んで、一瞬、目を疑った。吊るされた提灯に描かれている神紋は、違う！　ヤタガラスではない！　ガーン！　二礼二拍手で一礼どころか、二〜三歩後ずさりして、あおむけに倒れそうなショウゲキなのである。

神代のことをあれこれ詮索してバチが当たったのだ。

目にとびこんでくるのは、六角形に「大」の字の模様である。

変なところで早とちりするのがユウコの難点である。落ち着いて……と言い聞かせながら、雪の階段を下りた。

その紋は、「一重亀甲に大の字」というそうである。明治の前半ごろには既に使用されていたことが確認できるという。

ちなみに、出雲大社は、「二重亀甲に剣花菱」というものである。

天文十一年（一五四二）、大内氏と尼子氏の戦いで、熊野神社は兵によって燃やされてしまった。貴重な古代の文物、宝物が灰となっている。従って、古来、その神紋であったかどうかは疑わしいという。

実際、全国の神社の神紋は、神社の社家や、様々な寄進を受けたりした領主や、大名家の家紋を用いている例も結構多いそうである。それに、神紋は、祭神にまつわる伝承や神徳のシンボルとして、祭神ごとに決定されているともいう。祭神に依存しない紋を使用しない神社もかなりあるらしい。

少し、調べてみることにした。

京の祇園、八坂神社の紋は、織田氏と同じような木瓜《もっこう》である。丸や亀甲に、一字を入れた紋は、出雲に多い。金毘羅の「丸に金」は、神紋かどうかわからない。

熊本八代の「八代神社」では、丸に二つ引き両の紋が目について「エッ！」という感じだったが、並んで、九曜星の紋があり、どこかで見た、たしか有名な紋なのだ、と思って、しばらくして、思い出した。あ、これは、熊本の殿様、細川氏のものだと気付いて、了解、である。思えば、細川氏の領地になったのは、およそ四百年前のこと、八代は支藩ではあるが、別名この「八代妙見宮」は卑弥呼と関係があるという説まであるのだから、その前の千何百年ばかりは、どういう御印だったのか、あったのかなかったのか、わからない。もしかしたら細川氏の「九曜星」という紋は、この八代妙見宮の坐す地を領地としたことにちなんで「家紋」にしたのかもしれない、とユウコはある日、ひらめいたのである。

　卑弥呼の件も含めて真偽のほどは不明なのである。菊の御紋章も鎌倉時代に定まったらしい。蟻の熊野詣での紀伊の熊野のヤタガラスも、神話に由来して神紋にされたといわれている。

　それはそれで、いいではないか、と気を取り直すと、ユウコにまた、誰かがささやきかけたような気がした。

「なぜ、神武の道案内は、ヤタガラスだったの？」

　そうなのだ。キジでも熊でも何でもよかったのではないか、作り話なんだから……。

　ところが、やはり、ヤタガラスでなければならない理由が次第に浮かび上がってきそうなのだ。少なくともユウコの胸の内では……であるが。

　ヤタガラスが導いたここまでの推理は、まだ終わらない。

　高句麗と出雲の共通点と思えることはまだある。

　弥生時代中後期に出雲に渡来した可能性のある外部勢力は、楽浪・帯方（中国）、濊沃《ワイヨク》祖《ソ》・扶余《フヨ》・高句麗（以上濊貊《ワイハク》種）韓族に限られる、という説がある。

　この中で、出雲の方形貼石墓や、四隅突出型墳丘墓と同様に、石を墳墓の外部施設に多量使用した積石塚を持っているのは、高句麗だけである、ともいわれている。

◆古代のクニの幻想

弥生時代、朝鮮半島から多くの渡来人がやってきたことはよく知られている。単なる技術職人や農耕民だけではなく、王族や部族単位で渡来してきたともいわれている。半島との交通は、対馬や北九州経由をまず想像しがちである。そして、古代の船では日本海の横断は成功率が低いと思いがちであるが、出雲と朝鮮半島の往来は、奈良時代以降も頻繁だったという説もある。

日本海を挟んで、縄文時代から、盛んに交流が行われていたというのだ。

最近、北の朝鮮半島から、荒れる日本海を小舟で、島根に漂着したというニュースは、オヤと思わせる。

▽　地図にない島

古代日本の形成に重要な役割を果たしたのは、伽耶や新羅だけではなく高句麗もで、日本列島の特に東国に早くから渡来し、独特の文化圏を形成していたという話もある。

今のユウコたちが想像もしていない、まさかあるはずはない、と見落としていることがあったり、意外なこともある。

記紀には、最初に生まれた「大八洲」の島々が記されているが、現在の日本の国土にない島の名がある。

古地図には、佐渡島の北西の沖合に、佐渡島と同じくらいの島がふたつあり、近世の地殻変動によって海面下に沈没してしまった島がある、らしい。

もし本当ならば、大陸との海路上にあって往来を容易にした、重要な役割を果たしていたに違いない。

古代のギリシャは、エーゲ海の西岸に本拠をもちつつ「その東岸」（小アジア―トルコ）をも領有していた「エーゲ海域国家」だった。同じように、『三国志』の倭人伝は、「倭国とは、九州北岸に首都を持ち、朝鮮半島の南岸を領有し、朝鮮、対馬、壱岐の三海峡を包み込む形の海洋国家であった」という。

朝鮮半島南部からは、対馬海流に乗ってたやすく北九州や日本海沿岸に到達出来る沿海州や朝鮮半島北部からもリマン海流、対馬海流と乗り継いで、やはり海流に乗ってたやすく出雲や日本海沿岸には到達出来るという。

ＢＣ三世紀以前の船に、もし帆が装着されていたならば、冬の季節風は、大陸からの渡来には、まさに好都合であったという。さらに、日本列島では二十世紀始めに鉄道網が整備される迄は河川や海上を行き交う「水運網」が張り巡らされていた。古代に制度的な道路整備が実行されたが、近世の陸運と水運を例に挙げるまでもなく、各時代共、水運に依存している。弥生時代も例外ではなかったといわれているのである。

日本海を擁する海洋国家だった時期があるというのだから、今の日本の領域という固定観念を一旦はずしてみると、見えてくる光景が少し違ってくるようだ。

▽　孝徳天皇の詔と沖の島祭祀から

前記、熊野大社年表に、斉明天皇は、出雲の国造に、「厳の神の宮」を造らしめたという記載がある。

『日本書紀』、斉明天皇の次の孝徳紀に次のようなことが、書かれている。

詔して、「四方の諸々の国郡らは、天の委託をうけて、私が、統治している。今、我が親愛なる祖先神のお治めになった穴戸の国のうちに、この祥瑞が現われた。よって天下に大赦を行い、白雉元年と改める……」という字句がある。

〔天の委ね付くるに由りての故に、朕総ね臨みて御したしらす。今し我が親神祖の知らす穴戸の国の中に、この嘉瑞有り。所以に、天下に大赦し、元を白雉と改む。〕

白雉は、瑞鳥とされ、中国においても、最も珍重されていた。

前漢末の『漢書』平帝紀に、越裳国から、白雉の献上が記録されているという。その白雉のことを、『太平御覧』に引用して、〔春秋感精符に曰く、王者の徳は、四表（四方のはて）に流れ、即ち白雉見わる」とある。この話は周代初頭の逸話として、周公の徳望を後世に伝えることが目的になされた、といわれている。

当時、穴戸の国も同じ日本列島の中にあるのに、なぜ「親神祖の知らす穴戸の国……」なのだろう?

ユウコはある日地図を見て、あっ、と思ったのである。

穴戸の国は今の山口県の西端地域になる。地図を見ると、ここは「沖の島」の真東に位置している。

沖の島は、玄海灘に浮かぶ絶海の孤島である。ずっと後世、明治の日露戦争のとき、対馬沖での日本海海戦が見えたというのだから、やはり神の島なのである⁉

海の正倉院ともいわれ、古代遺蹟には、数々の宝物が残されていた。

さらに、巨岩が並ぶ古代祭祀遺蹟が残されているという。これらは、大規模な祭祀が、営々と長年に亘って続いたことを示しているという。

ナゾとされているが、おそらく大陸というか、朝鮮半島との関係を抜きにしては、ありえないだろう、という見解があるようだ。

今、全島が宗像大社の境内となっており、原則として入島は一切禁じられている。沖津宮での神事は女人禁制である。

その位置は、宗像大社に程近い神湊から約六十キロメートル、九州本土から渡航する際に最寄りの港となる大島から四十九キロメートル、沖の島の西側に位置する壱岐、対馬からもほぼ等距離、韓国の釜山とは、対馬の北端をかすめる形でほぼ一直線で結ばれている。

沖の島を中心に半径七十五キロメートルのほぼ円弧上に、対馬、福岡の博多湾岸、山口県の西端が位置している。

沖の島から真西七十五キロメートルのところに対馬の「厳原」があり、北東一七〇キロメートルのところに「見島」という小島がある。

宗像大社の祭神は、田心姫命《タゴリヒメノミコト》、湍津姫命《タギツヒメノミコト》、市杵島姫命《イチキシマヒメノミコト》で、沖の島にある沖津宮、大島の中津宮、内陸の玄海町にある辺津宮、の三宮に祀られている。

この宗像三女神は、スサノオが、天照大神と「うけい（誓約）」をした際に、スサノオの十握剣から生まれた、と『日本書紀』に記されている。

前記、「熊野の神」は、「イザナギ」の愛児《マナコ》ということは、「スサノオ」と同一神になる、と記すものもあるが。

『古事記』には、八上比売（湍津姫命）は、大穴牟遅（大国主）命と結婚し、事代主の母である。縁結びの神となっている由縁である。

このようなことからスサノオのうけいから生まれた姫神が、スサノオの六世の孫（子ともいうが）である大国主と結婚するのも神話的ではあるが、「スサノオは、出雲系の神とも、宗像三女神とも、密接につながっている」。

沖の島の巨石、巌の祭祀遺蹟も、熊野の磐座と同じようなものかもしれない。であれば、出雲の熊野で行なわれる祭祀、高句麗東盟祭の祭祀の共通点を沖の島祭祀にあてはめてみれば、謎が解けるかも……。

キーワードは、「巌」「穴」「水」である。

出雲の熊野大社の本宮は、あのあたりで最も高い天狗山にある。神社はそのふもとにあるのだ。もともと、「天宮山」と書かれていたのではないかといわれている。本来、「熊野山」とか、「熊成峰」と呼ばれていた。

山頂近くには、神が降臨されたという巨大な岩（磐座）がいくつか見られ、その地は「元宮ケ平《ゲングウガナリ》」と呼ばれている。磐座は、二枚の大岩が壁のように向かい合ってそそり立っており、その下には大穴が存在し、昔はこの大穴の中にお供えものを置いていたということである。大穴にお供えをするというのは、大穴の神を祀るためであった。高句麗では、「隧穴」である。

漢字の意味を調べてみよう。

「隧」という字は、〈意読〉みち〈意味〉みち。墓の奥まで通じるみち。また、トンネル。「隧道（スイドウ）」〈解字〉会意兼形声。「遂」は、奥へ奥へと進むこと。「隧」は、「阜（土盛り）＋音符遂」で、土盛りをした墓の奥へ奥へとはいりこむトンネル。［漢字源］

「穴」という字は、いわゆる「穴」という意味のほか、「隠れ家」の意味もある。また、「一般に知られていない有効なところ」という意味があった。競輪、競馬などで、番狂わせの勝負。「穴場」「大穴を当てる」などの使用がある。

出雲新嘗祭と共通すると思われる、高句麗の東盟祭は、岩屋（隧穴）の神を「王都の東郊の水辺」に迎える祭礼で、国王自らが、親祭した国家的大祭……。前記）

このことを、沖の島に当てはめてみよう。

沖の島の巨岩（巌）岩屋の数々、祭祀遺蹟は、熊野大社の磐座と、同じような謂れ、性質のものではないか、と考えてみる。岩屋は、全部東の方向を向いている、という人もあるようだ。

祭祀の場所は、国の東の川のほとり、とあるが（岩屋の神を王都の東郊の水辺に迎える祭儀）、このことに当てはめると、沖の島の真東七十五キロメートルあたりに、「穴戸（門）」の国がある。

沖の島の巌の神を穴戸の国に迎えたのではなかろうか。穴戸の国は、沖の島の数々の岩屋の真東に位置している。岩屋の神を迎えるところだったのではないか。

伽耶は、日本海を囲む海洋国であった、という説もある（倭国と重なってくる）。あっさり、「穴」とは、「阿羅」＝伽耶のことであり、日本では、「荒」とも表記された、とするものがある。

親神祖の治める国は、「伽耶」なのか。

沖の島の岩屋から、真東の穴戸に、神が渡御された、と想定すれば、日本海をはさむ海洋国家だった時期ならば、多少、空想的なユウコの仮説も、全く噴飯もの、と片づけるのも惜しいではないか。

前記、孝徳帝の、「～我が親神祖の知らす穴戸の国～」の意味が、これで通じてくるようでもある。

考徳帝の親神祖は、伽耶を治めていた、ともとれる。

倭国においては、「伽耶の王族だけが、正統な王となれる」という不文律が、かなり以前から、あったと記されているものもある。穴戸の国に「豊浦宮」という神功と仲哀の宮室があったし、穴戸の国の近くに、「吉備穴」という地名もあった。近江の志賀に、高穴穂宮という「穴」の字のつく宮室があったし、ほかにもある。ヤマトタケルの妃に「吉備穴戸武姫」という名の人名がある。

穴門について、次のように記す部分もある。

「軍に従った神、表筒男、中筒男、底筒男の三神は、皇后におしえて、「我が荒魂は穴門の山田邑に祭らせよ」と言われた。その時、穴門直の祖践立・津守連の祖田裳見宿禰が、皇后に謹んで、「神が、坐すことを所望される地を必ずお定めすべきでございます」と申し上げげた。そこで、皇后は、践立を荒魂をお祭りする神主とされた。そして、ヤシロを穴門の山田邑に立てた……」

「軍に従った神、表筒男、中筒男、底筒男の三神は、神功皇后に訓え曰く「我が荒魂は、穴門の山田邑に祭らしめよ」とのたまふ。時に、穴門直の祖践立・津守連の祖田裳見宿禰が、皇后に啓して曰く、「神の居しまさまく欲りたまふ地を、必ず定め奉るべし」とまを

つ」。す。則ち践立を以ちて、荒魂を祭る神主としたまふ。よりて、ホコラを穴門の山田邑に立

住吉三神の荒魂が穴戸に祀られた。穴戸は、やはり、なにか特別の意味のあるところだったらしい。「荒」とは「伽耶」のことであれば、「荒魂」とは「伽耶魂」、つまり、伽耶の人としての魂、とも受け取れる。

日本古代の祭りの中枢を占めるのが〈穴〉である。古代日本人の宇宙観、世界観の中枢におかれているものである。〈穴〉が、神事において、多出する理由、とされる。

擬《もど》き好きの民族性によって生み出された、古代信仰と、その必然的結果として、神事の中枢に〈穴〉が据えられるに至ったということについて、吉野という人の具体的な考察がある。

『古代人をとりまく自然環境、つまり、天・地・人象の、彼らによる把握、および、神のありようの、彼らによる捉え方である。

古代人によって、把握された太陽、植物、人間に共通するありようは、太陽は、東から昇る。人の種も、植物の種も、東方の常世国から渡来する。

太陽は、日毎に新生、消滅を繰り返し、植物も人間も、転生輪廻し、三者ともに、この世に常在はしない。

太陽、植物、人間の各輪廻の中枢にあるものは、「穴」である。

太陽の場合は、「太陽の洞窟」、植物は、「穴グラ」、人の場合は、その生誕においては

「母の胎」、死去の場合は、疑似母胎の「墓」である。

こうして、東方から来たり、常在せず、穴にこもるもの、という三点は、三者に共通する本質として捉えられるが、それは、同時に、神の本質をあらわすものとして意識された。

この三者にまさる重大な存在は、神であるが、神は、目に見えるものではない。しかし、古代の日本人は、この見えない神を、抽象的なものとして、観念的に捉えようとはしなかった。彼らが、目に見えるものとして捉えようとしたのは、常世の神であり、それは、祖神としての、蛇であったと思われる。

蛇は、古代人と深い関わりがあって、世界各民族、各宗教の創世紀・神話に登場し、蛇を祖神とするのは古代日本に限らない。それは、植物の種が植物の生命の元であることから、人の種も、男根に貯えられると類推され、その男根から、蛇が連想されるのであろう。神事における「こもり」を妊りの擬きとして、それを、時間にとれば、それは、神事の中枢をなす最重要期間であり、それを、場所にとれば、神界を象徴する東と、人間界を表す西との中央にある「穴」、つまり祭場、ということになろう。

祭りの遺蹟に、磐座、神座として、陰石や窪地がみられるのは、このためである。

本来、生命のないこの岩座に、神の種を可能とさせる霊力を与えるために、穴の保持者である巫女が捉えられるのである。こうして、東から西へ、西から東への神および人間の去来を中継するものが、中央の「穴」であった。』

半島から列島への去来を中継するところの、「穴戸」であったかもしれない。

わかったような、わからないような、の部分もあるが、祭祀の類似性からも、たどっていけば、親神祖は、「高句麗系」と同じような神のように思われる。

高句麗の陵墓か、祭祀廟の入り口は、石の戸がドアのようになっている、という人がいる。それに相当するのが、「穴戸」の国で、「オオヤシマ」か「ワ」か「ニホンコク」、「太陽の洞窟」への入り口、と見立てれば、そして、「浪速」が「太陽の門」を意味するという説を用いれば、穴戸から、関門海峡から、瀬戸内海の洞窟、あるいは、隧道あるいは、隧穴を経て、浪速に到達するということになるのだ、と想像してみる。

安芸から、吉備、播磨を経由して、「太陽の門」を意味する「浪速」に至る。そこから、後の畿内、各地に至るのである。

「穴門」は、後の「長門」。関門海峡は、穴のごとく狭く細長い門（通路）になっていることによる名、とする解説もある。

海峡の空　ふきぬけよ　大夕立　　**長谷川櫂**

沖の島のほぼ真西七十五キロメートルのところに（穴戸の国から百五十キロメートル）、対馬の「厳原」（いずはら）がある。この「厳」は、日葡《にっぽ》辞書によれば、厳しは慈し・美し、「玉」という意味もあるらしい。沖の島の「厳」の原、ということかもしれない。

厳原町阿連の〝あれ〟は、京都加茂社の〝御阿礼（御陰）祭〟の御阿礼と同義と推察され、神が御生れ（みあれ）する信仰とつながりをもつとされる。加茂の斎女を古くから、「阿礼乎止売《アレオトメ》」と呼んだのも偶然ではなかった。阿連の雷命神社に、オヒデリサマが来臨する信仰は、今もなお脈々と生きつづいている。という。沖の島の秋季大祭も、「みあれ祭」というそうである。ちなみに、安芸の宮島の神も宗像三神と同じようであるが、「厳島神社」と「厳」の字がある。

穴戸の国の隣は、「石見の国」である。この位置は、地図上、沖の島の「石厳を見る、見える位置」なのかもしれない。

また、沖の島の北東百七十キロメートルのところに、「見島」がある。ここからも、石見の国より近くストレートに沖の島の島ぐるみの祭祀が見えてくる島だったのかもしれない。あるいは、沖の島から、乾方向ならば、何か祀られているものがあるのかもしれない。

「門司」は、「穴戸（門）」門を司ったところ、と解することもできそうである。

さらに、隣の「周防」の国は、周辺を防衛する国（「防府」という地名もある）、周芳とするものもある。周りが芳しい。語呂あわせはやめておこう。

しかし、「沖の島の厳座を中心に、玄海灘、対馬海峡、響灘、日本海をも呑み込んだ壮大な祭祀跡」＝倭＝伽耶？　と想像してみると、そう支離滅裂ではなく、全く見当はずれでもないと思えるではないか。（『古書記』仲哀紀に、島々をつないで、東門、西門等に見立てた例がある）

最近、沖の島の磐座から発見された、使途不明の金属と同じものが、敦煌の莫高窟《バッコウクツ》の壁画に書かれていた。それは、皇帝らしき人物の頭上に掲げられる竿頭飾の金具と同じであることがわかっている。

▽　京都御所に宗像神社

宗像三女神の話は、神話でおなじみである。そして、時代、年代の経過とともに、様々なことが、習合されて、現在に至っているのだろう。

京都の御所に「宗像神社」がある。

天照大神が、「天孫が、三女神を祀れ」と命令された。三女神は、海北道中（北九州から朝鮮半島への海路の道中。宗像の辺津宮、大島の中津宮、沖の島の沖津宮）に鎮座して、天孫の九州への降臨を助けた。これは、「穀霊」の降誕が、三女神の介添え（霧の発生、激流による魂振りと浄化、斎女）によることの反映という解説もある。従って「穀霊」の継承者である天孫は、この三女神を敬重祭祀する必要があった。

高句麗東盟祭の主神も、出雲の熊野の主神も、「穀神」とされている。この深遠なつながりを表明しているのかもしれないのだ。

ユウコは、宗像大社の例祭を思い出した。有名なお祭りで、漁船も百数十艘、大漁旗をたてて、海上をパレードして、盛大なものである。大島港と神湊港間を、沖津宮の田心姫神と、中津宮の湍津姫神のお神輿を、二艘の御座船に、宗像七浦（大島・鐘崎・神湊・地島・勝浦・津屋崎・福間）の船団が供奉して、繰り広げる壮大な海上絵巻、なのである。

東盟祭に、貴族大官が、美美しく着飾って一大行列をする、というこの収穫祭に、一脈、通じるところがありはしないかと「チラッ」と、頭をかすめたのだ。

宗像海人族というのが、安曇海人族らと並んで、倭の地と朝鮮半島とを結ぶ海運を担っていた。海の正倉院、沖の島に貯蔵されている財宝は、この一族が交易で得たものともいう。

▽水沼君

宗像大社は、勿論、九州の神社である。

この宗像の三女神は、「宇佐嶋に降り居ました」と一書に記されている。さらに、この宗像の三女神は、「水沼君」等が祀る神である、とも記されている。

有明海沿岸にいたのが、宗像族と同族ともいわれる「水沼君」である。

水沼君がいたのではないかといわれる旧三潴郡は、現在、久留米市南部の三潴町、城島町、大木町、大川市全域、柳川市、筑後市の一部に比定される。

のちの三潴荘は、筑後川下流左岸に広がる三潴郡のほぼ全域に及んだ郡名荘であり、山門郡の隣にある。福岡県の南部は、明治の始めごろは、「三潴県」とよばれていたこともある。今も三潴町あたりは、文字どおり水がたぷたぷと豊かに恵まれたイメージの地域で、県有数の穀倉地帯である。見はるかす平野の秋には、稲穂がたわわに実って黄金色に輝くところであるが、昨今ゆらぐ農業政策の転換なのか、農作物も変わってきたところがあって、実りの秋の色も少し変わってきた。

久留米・三潴・柳川をむすぶ県道を走ると、ずっと、東、西に広々と田園が広がっていたのであるが、最近は、道の両脇に建物が建て込んできて、ほとんど見えなくなったといっても大げさには聞こえない。何十年か、生きている間にも、浦島太郎のように、変わっていくところもある世の中だ。

古代に於いて、このあたりに、思ってもみなかった史実が隠されているかもしれない、と想像しても不思議はない。

ミズマの主、「水沼の君」について『和名抄』に、筑後国三潴、美無万、とあり、筑後国の豪族、『水間君』とも記す、とある。この人は、耶馬台国の女王卑弥呼亡き後に立った「男王」ではなかったか、という説まである。

水沼の君が、宗像三姉妹を祀る。

ここで、地元の神はどうなっているのだろうか。

（二）筑後国の式内社の周辺

「延喜式神名帳」に登載された筑後の国の神社は、四社にすぎない。

式内社といって、朝廷から公認された皇室を祀る最高位の神社である。『延喜式』（九六七年）の台帳に記載された千余年の古い神社をいう。

御井郡三座　（大二座・小一座）

①　高良玉垂命神社

②　豊比咩神社

③　伊勢天照《イセノアマテラス》御《ミ》祖神社《オヤジンジャ》　（通称、大石神社）

御原郡一座（小）

④　御勢大霊石神社《ミセノダイレイセキジンジャ》

筑後の神階奉授（朝廷が神に奉る位階）の特徴は、奉授神祇が、三前と少ない。そして、①②③社すべてが、国府の存在する御井郡に集中している。文徳天皇在位中（八五〇～八五八）の、高良玉垂神・豊比咩神の神階奉授件数が多いことなどがあげられる。

また、神階奉授が、文徳天皇在位中に急速に伸びてくることとは、この当時の朝廷における地方神社行政と、神階が、密接に関わっていたためと考えられている。

官国幣社制の導入後、地方の神社行政は、国司に任される部分が多くなり、朝廷が、直接神事を行なう神社は、畿内と、ごく一部の社に限られてしまったが、高良玉垂神・豊比咩神は、明神であり、その一部に含まれるため、筑後は、神階奉授に、国司より、朝廷主導の神階奉授が色濃くなされており、高良玉垂神の従一位という高い位階にも現われていると考えられている。

一、高良玉垂神（最高位神・のちの一の宮）

後に筑後一の宮とされる高良玉垂神の文献上の初見は、延暦一四（七九五）年に、従五位下を奉授された記事である。これ以降昇叙を重ねていくのだが、その昇叙理由についても、天安二（八五八）年の奉授以外には、記述がなく、不明な点が多い。ただ最終的に、貞観一一（八六九）年においては、従一位という高位に叙されており、朝廷の崇敬が篤かったことを窺い知ることができる。また、「筑後国神名帳」においては、寛平九（八九七）年十二月三日に、正一位を賜ったという記述がある。この記述は、ここでのみ見ることができる。

二、豊比咩神

天安元（八五七）年に高良玉垂神と共に封戸並びに位田を充てられている。この時従五位下とされている。注目される記事は、天安二年に、高良玉垂神と共に火事に遭っている。この火事で、位記が、焼失していることも注目される。ここで、朝廷は、焼失した位記を調べさせ、新たに位階を加えた上で、その位記を作成させている。

一、二は、夫婦神ともいわれている。

◆高良大社とその別宮

高良大社の御祭神は、三座で、中央が、高良玉垂命、左、八幡大神、右、住吉大神。御鎮座は、社伝のとおりに記すと、仁徳五五年（三六七）といわれ、履中天皇元年（四〇〇）に御社を建てて祀った。しかし山内の出土遺物からは、さらに、古くさかのぼることができる。おそらく、筑紫平野に、人々が、移り住むと同時に、高良山は神々の鎮まる山と考えられていただろう、ということである。

別名を高牟礼山《たかむれやま》・不濡山《ぬれせぬやま》ともよばれていた。

なにか、妙な名である。背後に、耳納山脈が連なっている。筑前、筑後、肥前三国に広がる九州最大の筑後平野の中央に突出し、地政的に絶好の位置を占めている。古代より、宗教、政治、文化の中心、軍事交通の要衝として、歴史上、極めて大きな役割を果たしてきた。山下には、筑後川が悠々と流れ、この大河の作った大穀倉地帯を一望することができる。明治のころ、夏目漱石も訪れたことがあるらしく、この雄大な眺望を謳っている。

菜の花の　遥かに黄なり　筑後川

句碑が奥宮の近くにある。

『肥前国風土記』に景行天皇が、西狩の際、高良の行宮に坐して、肥筑地方を経営されたことが記されている。神功皇后も、山門征討に当たり山麓の旗崎にこられたと伝えられている。また、継体天皇の時、筑紫の君、磐井の乱では、高良山麓が戦いの最後の舞台となった。『日本書紀』

大化の改新以後は、山麓の合川町、御井町に筑後国府がおかれ、近くの国分町には、国分僧尼寺も建立された。

南北朝時代には、征西将軍宮懐良親王は、この山を本陣として、敵を筑後河畔に破り、のち、ここに征西府を移されたこともあった。更に戦国時代に入ると、豊後の大友氏がこの地に陣して、肥筑の諸豪を制圧し、豊臣秀吉も九州征伐に際して、吉見岳（高良山支峰）に陣を敷いた。

文永・弘安の蒙古襲来時には、勅使が遣わされ、蒙古を調伏させると、叡感（天皇のお褒めのことば）あって、「天下の天下たるは、高良の高良たるが故なり」との綸旨《リンジ》を賜ったと伝えられている。

十月の大祭には、太宰府から勅使が立ち、九州全域の国司、郡司が参集して、奉仕するのを例としていた。

南北朝騒乱の時代には、少弐・菊地・大友・島津の九州四大豪族が、「四頭」に任ぜられ、輪番に、祭事を執り行っている。

称徳天皇の、神護景雲元年（七六七）十月、勅裁によって、「御神幸祭り」が始められている。中世には、この社に属する侍百二十名、国侍三十六名、その他、筑後一円の神職・社人はもとより、商工業者・村役人、武士団・芸能者など、供奉の者一千人という盛儀になったという。

戦国の争乱で、荒廃したが、江戸時代になると、歴代久留米藩主、有馬氏の崇敬をうけ、社棟などの造営、寄進をうけた。

大正四年に国幣大社になっている。

▽ 主祭神は不明

高良大社に祀られている主祭神は、「高良玉垂神」、「水沼君」の祖神ではないか、という説もある。戦前は、「武内宿禰」とされていたが、確かなことはわかっていない。景行天皇が、高羅（高良）の行宮にあって、肥筑の地方を経営したことがみえるので、同帝の子孫？　を称する古代豪族水沼君の祖先神であり、さらに遡る時は、筑紫平野の国魂神として想定された神格であろう、ともいう。

「明神」とは、由緒正しい、由来が明らかな神をいうのであるが、高良玉垂命の正体が、今なお明示されていないことからも、由来になにかワケがあるのだろう。大社の本殿横には、一度ならず、近上陛下・皇后からのお供えのあったことを表示する立て札が立っていた。

何ごとのおわしますかは知らねどもかたじけなさに涙こぼるる　西行

神社のパンフをみても、「高良」が昔、いかに盛大に祀られていたか、そして、皇室の尊崇を受けていたか、ユウコは改めて知ることになる。

「玉垂」の意味を、日本語で、それらしく推測すれば、「玉」は玉体の玉、天皇の玉体、玉座というような表現がある。「垂」は、「垂仁」の垂と同じ字、垂訓・垂示の意ととれば、目下の者や、後世の者に表し示す、つまりは、天皇クラスの人物を祀ったのではないか、と思えてくる。しかし、「正一位」という神階は、高位ではあっても、神階のありようからいえば、天皇ではないらしい。

社殿の記載からは仁徳天皇五五年または七八年（三九〇）に鎮座。履中天皇の四〇〇年、高良大社創建説、もと「高木神」、別名「高御産巣神」・「高牟礼神」鎮座説もある。高良山はもと「高牟礼山」ともよばれていた。高良玉垂命が、『一夜の宿として、山を借りたい。』と申し出て、高木神が譲ったところ、玉垂命は、結界を張って鎮座した、との伝説もある。

なにか、探求しにくいベールがあるような気配もあるが、覗いてみよう。

『高良記』には、「高良大菩薩は、百済を召し従える〈高人の頭〉その百済氏に、狛犬の面を着せ、狛犬の格好をさせて、百済、新羅、加羅の王は、日本の番犬となって、この国の朝廷を守り……」という、狛犬の舞を、毎年正月十五日に勤めることが、今もつづいている。「高人の頭」とは、高貴の人の筆頭、高家、とも解釈されているようである。

百済などの三韓を従えるといえば、「神功皇后」か、「応神」あたりがうかぶが、「高木神」「高人」を推量すれば、この「高」は、三世紀ごろの高句麗王家の姓が「高」ともいう。紀元前後の建国時は「解」とされているが。「高木神は、高御産巣日神の別名なり」と、『古事記』にある。「ニニギ命」を天下りさせたのが、天照大神と高御産巣日神である。

ことばの音韻変化を扱ったものによると、「産巣」ムスは「牟ス」と解すれば、天皇家始祖、沸流の養父で、始祖朱蒙の名でもあるという。『古事記』創世神話では、「初発はじめ、高天原に成りませる神の名は、天の御中主神、次に高御産巣日神……」。（この天の御中主神は、久留米市の水天宮にも祀られていて、ここの水天宮は、「総本宮」という。柳川、沖の端の水天宮は、ここの分祀らしい）

高良の神は、はじめ、高御産巣日神（高牟礼神・高木神）といっている。高良山は、「高牟礼山」ともよんだ。高は「高氏」の高、牟は百済王家などの姓氏、牟の起源であり、朱蒙の当字てに多く使われている。礼は、朱蒙の正妃、礼氏の礼？

高良山は、さらに別名、「不濡山」と書いて、「ヌレソナヤマ」ともいうそうである。この漢字と読み方は、めずらしい、というより、日本語だろうか、と一瞬思ってしまう。

中国の漢の時代、「楽浪郡」がおかれていたことはよく知られている。漢帝一〇三郡中、四十九番目に位置する大きな領域を占めていた。その楽浪郡二五の県があげられている。「……朝鮮・カンナン・バイスイ……不而・夫租……」「不而」は、「不耐」の誤字、「夫租」は「沃租」の誤字だといわれて後の史書で、訂正されているという。

「ヌレソナ山」は、高句麗の「丸都山城」の別名は、「濊城」＝「不耐濊城」という。濊狛族、高句麗は、この「不耐濊城」を拠点としていた。ヌレソナ山の「不濡」という字は、「不耐濊城」の「耐」「濊」の字の誤記なのでは？　あるいは、この二文字が合成されたものではなかろうか、とユウコは想像してしまう。

（後日のことであるが、この意味について記されたものがあった。それは、天皇がこの山に行幸成ったとき、雨降りなのに、天皇の歩いていくところは降らず、濡れなかったということに由来するという）

この高木神に一夜の宿を求めてそのまま、結界をつくって居座ったという神は、誰なのか。ある説によると、倭王、讃の父は、「縢《トウ》」となっている。縢は、「とう」と読む。綴じる、縄、紐の意味である。高良文書関連では、武内宿禰は藤大臣とされているが、その藤大臣を貴国から追い出したのがこの縢である。そして縢は、そのまま、高良に居座って、いつのまにか、玉垂命になっている……。

倭王、讃の父は、応神とされている。ならば、居座ったのは、応神、ということにはなるのだが……。

このあたりの伝説は、なにか、まだいくつものトビラを開けていかないと辿り着かないような雰囲気である。

高良山には、「神護石」も存在する。一メートル内外の長方形の切石が一三〇〇余個、延々と連なって高良山の南斜面を大きく取り囲んでいる。朝鮮式山城の城壁と思われている。

同じ筑後のみやま市女山の神護石も、地元ではよく知られている。「女山」のほうも、全長三キロにも及ぶ列石で、周辺では、旧石器も発掘され、縄文・弥生土器も出土している。こちらの方は、まだ「卑弥呼伝説」は生き続けている。

▽ 鷹尾神社

ユウコは、ある日、大和城島線（八三号線）を南に向かって車を走らせた。

鷹尾神社へ行くのである。南筑後では、最も由緒あるお宮のひとつである。

八三号線（大和城島線）を南へ下っていくと、途中「六合」という地名がある。ロクゴウとよばれている。はかりの六合か、どこかの到達点までの六合目の意味かのようにも思えるが、『日本書紀』に、「六合（クニ）の内に照り徹る」。天地と東西南北との四方あわせて世界または、国家の意味である。いつごろつけられたのかはわからないが、たいそうな名前である。

その信号から一キロ半ばかり南に「鷹尾神社」はある。（近くに「神功皇后腰掛石」というのもある）

腰掛石があるというのは、神功が、この地に来られた、という伝承である。

神功は、その後、松浦に向かっている。

そのあたりが、有明海の海岸線であったというのだから、本当に腰掛けたかどうかはともかく、神功伝承にゆきつく何かがあったのだろう。

鷹尾神社は、中世までは、筑後の国の一の宮高良玉垂宮（久留米市）の別宮であった。社伝では、清和天皇の貞観一一（八六九）年の創建とされるが、正確なことはわかっていない。

戦国時代に、田尻親種が、鷹尾城を築いた時、その城郭内に取り込まれたことが、八幡宮への転身の契機となったのだそうだ。中世の鷹尾神社は、矢部川が流れて有明海に注ぐ河口近くに鎮座していたという。

以後の干拓によって、現在の河口は、ずっと南にある。

中世には、「瀬高下庄鎮守高良別宮」とよばれていた。価値ある古文書があって、「鷹尾神社大宮司家古文書」として、国の重要文化財に指定されている。

鷹尾村の鎮守社としてだけではなく、近郷の人々の崇敬を集めていたことがわかる。

今も祭礼の日は、大勢の人出でにぎわう。

ちなみに、高良大社の末社は、現在でも筑後に九十三社、肥前に三十四社、その他に一〜二社と筑後・肥前一帯に集中している。鷹尾神社の近くに、宇佐神宮の荘園があったそうで、なぜなのか、その由来がわからないという。次のような記事がある。


大神郷「宇佐大鏡」に「筑後国小河荘一円不輸本荘司三十町、松延長三十町、国半不輸八十町、件荘康和年中、庄司大蔵季遠陳状言、本荘大菩薩御位田也、於松延名田者公基之私領也、譲与女子之間、大宮司公通買得之」『旧柳川藩志』

水沼君は水間君、三潴君とも書く。筑後川流域、あるいは、有明海を治めていた豪族という。安曇、宗像と並んで水沼水軍と記すものもある。そして、「宗像三女神」を祀っている。宗像族と同族で、有明海沿岸にいた。沖の島・宗像から「宇佐」までと、筑後の「鷹尾」神社のあるあたりまでは、直線距離にすると、ほぼ等距離である。宇佐神宮の地は、「鷹居」と呼ばれていた。「鷹」の字が共通している。

宇佐と、宗像と、水沼の君と鷹尾神社、あるいはその本宮の高良大社も、何か、つながりがあるのでは、と思わせる。

鷹尾神社の宮司は　最初は「紀氏」とある。

▽　こうやの宮

神社の正面から東へ向かって泰仙寺橋を渡り、直線距離にしておよそ二キロのところ（山門郡瀬高町大字太神字長島、現在みやま市）に、「こうやの宮」がある。「高羅の宮」「高良の宮」であり、正式名称は、「磯上物部神社」である。

神社といっても、西側近くまで、わりと新しい民家が迫っているが、少し前までは、田圃の真ん中にあったと思わせるところで、南側は、藪である。

農道に「こうやの宮」の小さい手づくりの標識があった。堀端には、赤い彼岸花が咲いていた。東の方、遠景に、低い山が連なっている。旧百済の王宮からも、同じ位の距離にほどよく山が望めたので、もしかしたら、こういう所に王宮が再生されたのでは、と想像しても、全く見当はずれではないかもしれない。

というと、大きな神社のようにきこえるが、御地蔵様のほこらのようで、コンクリートの土台の上に、板ぶきで作られたわりと新しい西向きのホコラであった。普段は閉じられているが、中には、今でも、「七支刀」を捧げ持つ、百済の使者の人形が祀ってある、という看板がある。この七支刀は、奈良県天理市にある、石上神宮に伝えられているという。

ここが、九州物部を合祀したときにでも、社伝の宝物として移行したものらしい、と記すものもある。

『日本後記』延暦二四年（八〇五）二月に、石上神宮に関連して、「大神の宮に収めたる器杖を京都《ミヤコ》遠く成りぬるによりて近処に治めしむとして名も去年此に運収有る」という記事があり、この「大神の宮」が、ここ、瀬高太神の磯上物部神社で、「京都遠く成りぬる」が平安遷都（七九四）を指すのであれば、七支刀は、このとき、筑後の瀬高から天理の石上神宮に移されたのだろう、というのである。

この七支刀は、誰に送られたものか、ということについては、様々な説がある。『日本書紀』に、「五十二年の秋九月の丁卯の朔にして、丙子に、久氐等、千熊長彦に従いて詣り。則ち、七枝刀一口、七子鏡一面と種々の重宝とを献ず」とあり、献上された年代は、二五二年、二運さげると、三七二年。

石上神宮蔵の七支刀は、鉄製、両刃の剣の両側に、左右交互に、三本の小枝を出し、切先と合わせて、七枝となる七四・八糎《センチ》の剣である。表裏には、美しい金文字の象眼がある、という。

その七支刀が　ここ、「こうやの宮」に、当初あったという驚くべき説である。

近くで、こうやの宮への道を教えてくれたオバサンは、「わたしどみゃ、あすこで、遊びよりました」と指差しながらも、とてもじゃないが、あそこが、それほど由緒有る祠など思いもしなかった、という雰囲気である。お宮の名前を言っただけで、もう周知のことになっているらしい。

この太神地区の南のあたりは、「河内」である。

ユウコは、帰りは、二〇八号線を北上した。すぐに、「真木南」という信号があった。次に「真木」という地名の標識があった。

「真木……」、どこかで聞いたような……そういえば、「御真木入日子」という命《ミコト》がいた！

崇神天皇ではないか！

ユウコの頭はすっかり古代モードにいかれている。

崇神は、水沼君の祖先ともいわれていた。すぐそこの（程近い）、三潴の水沼君、の名の一部ではないか！

急に気付いておどろいた。しかし、まさか後世になって、適当に附会された地名なのだろう。それにしても……である。

▽ 大善寺玉垂宮

二〇八号線の西の、久留米柳川線（二三号通称、柳川県道）を北上すると、久留米は、もうすぐ、というところに、広川という川をまたぐ石橋の右手に、「大善寺玉垂宮」の石の鳥居が見えてくる。

三潴大善寺の玉垂宮である。ここも高良大社の別宮という。

最近は、道路側に鬱蒼と枝を伸ばしていた大木の枝が切り払われて、すっきり見通しがよくなった。近くの道路脇に「御塚古墳」というのもあり、馬の埴輪のレプリカが並んでいる。

一月六日の寒中の「鬼夜」という火祭りが有名である。よく似たお祭りは、大川の「風浪宮」でも行なわれている。ここも、「高良宮」の別宮であった。

◆応神天皇伝説

『日本書紀』よると、神功皇后は、夫である仲哀天皇の死を隠し、その年、仲哀九年（三六二）三月、仲哀の意志をついで、熊襲を討った。続いて十月、新羅を征伐する。十二月には帰国して、御子（応神天皇）を産む。

▽鬼夜と桜桃沈輪討伐譚

この熊襲征伐譚は、大善寺に伝わる「桜桃沈輪討伐譚」かもしれないという。

藤大臣という人が仁徳五五年（三六七）、この地に来て、五六年、肥前国水上の、桜桃沈輪を退治（三九〇）この地で没したという言い伝えがある。毎年正月元日から七日の「鬼会」の最後の行事「鬼夜」という火祭りのルーツなのではないか、というのである。国指定重要無形民俗文化財で、千六百年余の伝統を誇っている。

凍えるような真冬の夜、氏子、約四～五百名の全員、白晒しの腹巻きに、黒足袋という締め込み姿、そして、「左三つ巴」の、神紋が染め抜かれた白鉢巻きを結んで、燃え盛る巨大な松明《たいまつ》を引き回す。竹を束ねて作った大松明（長さ約一三メートル、直径約一メートル、重さ一・二トン）六本の先に点火され、立ち上がった火柱が、夜空を焦がす。火の粉が降り注ぐ。太古の昔の魂が呼び覚まされるかのような迫力がある。

氏子たちは、火の粉をあびるほどに、ご利益があるといわれて、大神と共に、勇壮、豪快な裸祭りの神事をつとめるという、一大行事である。祭りの経過の中で、〝赤鬼、青鬼の矛と剣の手合わせ〟や、鬼役が姿を消したまま、シャグマ（赤熊）役の子供十人ほどに囲まれて鬼堂から追い出され、周囲を回った後、社前の霰川（広川）で、禊をさせられる。人の目にふれないよう、暗がりの中で行なわれる。

古来、宮中で、十二月の晦日に行なわれた行事で、「年中の疫鬼を駆逐する儀」という。陰陽道からおこったものという説もある。

古来からの大秘事といわれ、神職、村人以外、一切、口外を禁じられていた、当事者等の結束・神秘性をさらに増幅させることにもなったという。

オニの民俗を考えるうえで、きわめて示唆に富む、という見解もあるようだ。

〈オニがシャグマに禊をさせられる〉という場面に、ユウコは興味をそそられる。

大善寺の玉垂宮は、高良大菩薩が「捨てられた古い御船」を神体として祀るという言い伝えがある。

前身は、『筑後国神名帳』三潴郡「正六位上四十四前」中の「玉垂□神」ではないかともいわれている。

境内の楠の神木には、「巻貝が群がり登っていた。新羅との海戦の最中、高良大菩薩が敵中に干珠を投入されると、海はたちまち、干潟となったが、その時、この巻貝たちは、御船の周りに取りついてこれを、百丈にもおよぶ巻貝城とした」という伝説もある。

御祈祷には、「巫目祈祷」というものがあって、応神天皇が生まれた時、高良大菩薩が、「鳴弦」の役を務められた故事に由来するという。「鳴弦の儀」が、応神天皇の生まれたころからすでに行なわれていたということになる。「弓」の弦を鳴らすのは、妖魔を払うまじない、呪術といわれているが、「三輪山の神を呼び出す神事」という説もある。

応神は、筑紫で誕生されたという『記紀』の記述を、ここでは信じることが必要のようである。

社宝に、「絹本画縁起二幅」がある。

一幅は、神功皇后三韓征伐の故事を描いたもので、図面上方に、日向国武市城・松浦玉嶋川・香椎宮も描かれている。下方には、海戦のもようが描かれ、高良大菩薩が、干珠を投入されようとしている。また、寛元山における新羅王降伏の様子、応神天皇御誕生の様子などが描かれている。

他の一幅には、上方に、境内図。下方には、高三豬廟所、風浪将軍酒見社の景観とゝもに、祭神の高良山遷幸伝説が描かれているという。「絵解き」は、毎年七夕で、本殿にこの二幅をかけて、勾当《コウ》が行なっていた。

現在は、これらの絵巻は、国宝になっていて、京都の博物館に納めてあり、ここ数十年絵解きは行っていない、という話である。作者は、絵師ではなく、寺僧ではないか、ともいわれている。

大善寺は、もと、そこにあった寺の名前で、もとは、高法寺とも称した。古名は、「高村」であった。

▽アリナレ川と神功

大善寺玉垂宮の前の広川も、もと、「霰（アラレ）川」といっていたそうである。

この川にかかる傘橋を、日頃何気なく通りすぎているのだが、そのような神社の物語を知ると、この川は、周辺の堀割（クリーク）とは、同じ水をたたえていながら、少し違って見えてくるのである。

周辺の堀割の、たっぷりと水をたたえ、両岸に葦の葉が、ゆれているようなのどかさ、に比べると、どこかちがう、凄みのある気配をただよわせているようにもみえる。このあたりも、白秋が詠んだ「ウヲーターヒアシンス」などが繁茂していた周辺の堀割のように、普段は静かな水面なのであるが、大雨の後などには、濁流となって流れる光景が記憶の中にあるからなのだろうか。そして、南側に、切り立ったような土手が続いているという、普段は、気にもとめない風景が、気になってくるのである。

そういえば、「ウオーターヒアシンス」のことを、「チョウセンモ」（朝鮮藻）とよんでいた。

こう古い話になると、「霰《アラレ》川」といっていたのは、いつ頃の話か、というと、大正時代ごろまでそう呼んでいたという。ユウコも記憶の彼方に、どこかで、耳にしたような、初耳ではないような気もするのであるが、今でも、長く其の地に住んでいる人などは、そう呼んでおられるかもしれない。

ところが、これが、「アリナレ川」が訛ったものというのだ。

アリナレとは、「阿利那礼」と書く。『日本書紀』神功政前記に、新羅王の言葉として、「東に出づる日の更に西に出づるに非ずは、且阿利那礼河の返りて逆に流れ、河の石の昇りて星辰と為るに及るを除きて……」太陽が西から昇ること、アリナレ河が、逆さに流れること、河原の石が、天空の星になること、そんなことはありえない、というくだりにでてくる半島の河川名である。つまり、新羅王が神功皇后に降伏して、服従を誓う、コトバの中に出てくる譬えである。

それがなぜ大善寺の玉垂宮の前の川の名前であったのか？

半島南部洛東江の流域の右岸に位置するあたりにあったのが、「加羅」あるいは、「伽耶」。学校では、「任那《みまな》」、そして、日本の古代の植民地だと習ったようである。一世紀半ばごろ、下流の広い平野と、太平洋にまで広がる海を舞台にして、いわば「種族連盟体民族国家」ともいえる生活集団だったといわれている。その連盟の数は、六とも十ともいわれている。

その中のひとつに、三世紀の狗邪韓国もある。ここは、倭と韓国や、帯方郡との交通の要衝であるばかりでなく、狗邪韓国〜対馬〜壱岐〜末盧（松浦）は、同一の生活圏を構成していたともいわれる。

そのような時代の朝鮮半島の洛東江の支流に黄江があり、その河口には、大東の地名を拾うこともできる。

其所を発って、神功皇后（オキナガタラシヒメ＝息長足帯媛）や武内宿禰など、筑後にやってきたといわれる人たちが、故国を流れる川と同じように、「アリナレ」と呼んだのかもしれない、というのだ。

『日本書紀』に記す神功皇后は、三韓征伐を行なったことで、戦前の教育では有名な人物であったらしい。大善寺の絵巻も、そのような物語なのであろう。

系図のうえでは、開化天皇の曾孫であり、息長宿禰王の息女とされている。「オキナガ」は、息長氏領という氏領が、滋賀（近江）にあったという。

神功（神功皇后）の名に、「タラ」ということばがあることから、「多羅」からきた、ともいう。また、神功の伝説の多い、北九州や、山口の出身という推測もある。福岡県には、数多くの神功の伝承が残されている。ゆかりの神社や地名もおびただしいほどある。『日本書紀』には、神功を、「魏志倭人伝」の「卑弥呼」に擬す部分もあるが、架空の人物という説もある。

神話だから、といっても中国の文献に記録されていることと、たまに合致する場面もあったりするのだから、思いがけない寓意、あるいは、讖緯《シン》が隠されているのかもしれないのだ。

「聡明叡知にして、貌容壮麗」（賢くて、深遠な道理を悟りうる才知がある、特別の美人）で、様々なご事績は、まさに、名前のとおりのようであるし、皇后で、帝紀一代記があるのは、この皇后のみであるのもよく知られたことである。

神功の伝説は、有明海沿岸にもあった。

神功が、有明海から上陸された場所は、みやま市の隣、現在は、柳川市であるが、旧山門郡大和町の、今の鷹尾神社のあたりであったという。そこに「神功皇后腰掛石」というのが、現代の地図に出ている。オドロキである。

その後、「山門県《ヤマトノアガタ》に至って、土蜘蛛、田油津姫（八女津姫）を誅罰う。時に田油津姫が兄、夏羽、戦を興して迎え来く。然るに、その妹の誅されたることを聞きて、逃げぬ」。「山門県」は、合併してみやま市となる前の「山門郡」の領域ではなくて、田油津姫が八女津姫、であるならば、八女のあたりまで、「山門県《ヤマトノアガタ》」と言っていたのであろうか？

兄の夏羽は、後世の筑紫造磐井ほどでなくても、抵抗して、討ち死にしたのかもしれないが、「逃げぬ」と書いてあると、説話のような、奥八女の山中深い霧の中に逃げ込んで消えたような、卑弥呼の時代の不思議な、古色蒼然さも感じ取られる。神功の、三韓を征伐するほどの力との差もそれとなくあらわされているのだろう。

逆からみれば、田油津姫は、八女で、神功の征伐をうけるほどの身分と力があった。そこから連想すると、筑紫造の祖は、崇神天皇の妃の兄弟、孝元天皇の皇子、大彦命の子、である。この筑紫造が、「磐井」の祖であるならば、八女の地に、皇統につながるほどの勢力があったようにもみえてくる。

▽ 貴国

一方、半島からやってきたという説では、皇后は、北部九州に、「貴国」を新たに建国した。そして、さらに、神功亡き後の「貴国」に、百済の王統のうち、宗家にあたる沸流系百済の王家が渡来して、筑後の玉垂宮（大善寺に宮殿を建てた）に盤踞し、北部九州を支配下に治めた。同時にそのまま、自ら、「倭王」を名乗ったと考えるに至った、との説がある。

【貴国】というのは、かしこき国、つまり日本であるというのが、通説であるが、貴国は「基肆《キツ》国」と固有名詞で考える、というのである。

『肥前国風土記』は、この「基肆国」の名付けを次のように記している。

「昔、纏向の日代の宮に天の下をお治めになった天皇が巡行なされた時、筑紫の国の御井の高羅の行宮においでになって、国内を遊覧なさると、霧が基肆の山を覆っていた。天皇は勅して、「この国は、霧の国とよぶがよい」と仰せられた。後の人は、改めて基肆の国と名づけた。今は郡の名としている」。

今の基山あたりのことである。そこに「貴国」があったというのである。

基山は佐賀県、久留米の大善寺は福岡県、なのであるが、県境を接していて、JRで南下すれば、基山の次は、久留米。大善寺は、久留米市の南部、三潴と接している。

この貴国は「木国」、そして、もしかしたら「紀国」ではないか、と思えるフシもある。

高良玉垂命は、明治のころは、「武内宿禰」とされていた。武内宿禰の出自については、諸説あり、架空の人物とする説もある。系譜は、第八代孝元天皇と伊香色継命（物部氏）の子、彦太忍信命＝比古布都押三信命＝屋主忍男武雄心命、と「山下影姫」の子が、武内宿禰、となっている。開化天皇の腹違いの兄弟の子にあたる。「山下影姫」は、「兎道彦《ウズヒコ》」の娘である。ウズヒコは、「紀直」の遠祖、木国造（紀国造?）が祖、である。筑後川の支流に、「山下川」がある。紀＝木のようにみえる。

「木国造」に焦点をあててみよう。

『記』のミマキイリヒコ（崇神）の婚姻系譜に〔「木国造」名は荒河戸弁が女〕とある。『日本書紀』では〔「紀伊国の荒河戸畔が女」〕となっていて同一人物である。

また、百済に、王妃も輩出する有力貴族に、木羅斤資がいる。『日本書紀』にも記載がある。その子が「木満智」という。木満智は武内宿禰の孫と伝えられる「蘇我満智」と同一人物という説がある。木氏も蘇我氏も、扶余以来の豪族といわれる。つまり、木満智は、伽耶と日本に影響力の強い人物で、そのうえ、百済の王母と、普通の仲ではなかった。そのことが、神功と武内宿禰のモデルとして、反映されている、という韓流の説もある。

「貴国」は、彼らが半島から渡ってきた「木氏」の名をとった「木国」かもしれない。

ちなみに、筑紫造磐井と戦った、「物部麁鹿火《アラカイ》」の三代前に「木蓮子」という名もある。

大善寺あたりの伝説と、薄紙一枚はさんで、重なってくるようでもあるが、このような推理の中にいる武内宿禰だろうか。

また、この話と表裏になっているのでは、と思われる説、あるいは、応神の正体か?とも思われる説もある。

◆応神の正体と「苻」の字

当時の五胡十六国のなかの、秦という国の王、苻堅《フケン》は、三七六年、一族の苻洛（そのころ、幽州の刺史〈地方官〉として、遼東を治めていた）に、二〇万の兵を与え、当時、勃興してきた北魏を攻めさせた。苻洛が、当時の北魏の首都を攻めている間に、北魏の昭成皇帝は、庶子に殺され、北魏は、壊滅状態に陥った。その後、苻堅は、苻洛が、遼東で権力をもつことを恐れて、彼が、北魏攻略に功があったにもかかわらず、恩賞らしい恩賞も与えなかった。苻洛は、苻堅のこのような処遇に立腹、クーデターを企てた。彼は、幽州刺史として、遼東・半島・列島に勢力の地盤があったから、まず遼東の鮮卑や烏垣（丸）、半島の高句麗・百済・新羅、列島では大和地方の勢力にまで、檄を飛ばし、大群をもって、長安の苻堅を攻めようと計画した。しかし、当時、苻堅の支配下にあった高句麗や、新羅は勿論のこと、慕容氏系の百済や大和勢力も、苻洛の要請に応じる気配はなかった。そこで、苻洛は、やむをえず、単独で、手勢をもって、反乱を起こす。

苻洛は、三八〇年七万の兵を率いて、長安に向かったが、中山まで来た時、迎え打つ苻堅軍に敗れて捕らえられた。苻堅は、苻洛のかつての功績に免じてか、彼を殺さず、涼州の西海軍に流罪にした。

　苻洛は、涼州に流されてから二年後の三八二年ごろ、涼州を脱走し、かつて、自分の勢力範囲だった百済に亡命した。この頃の百済王は、【近仇首王】。苻洛は、しばらく近仇首王の庇護のもとに百済に滞在して、亡命生活を送っていた。

　三八六年は、苻堅が東晋に敗れた三八四年を契機にして、アジア全体が大混乱に陥った年だった。この頃、百済に亡命していた苻洛にとって、苻氏、秦が滅びることは、確かに脅威だが、自分を追放した苻堅その人の勢力が失墜することは、歓迎するところだった。彼は好機到来とばかり列島制覇に向けて走り出し、まず、北九州に上陸した。当時、九州、中国地方という、列島西南に神功皇后勢力があった。苻洛は、神功皇后勢力と共闘して、大和地方のヤマトタケル系勢力の代表だった、「忍熊」を殺し、近畿地方を制圧して、応神朝を成立させた……。

『日本書紀』によると、応神朝は、三九〇年に始まっている。苻洛は、三八五年ごろ百済を去っているから、三八五年末ごろから、『日本書紀』に、神功が死んだとある三八九年ごろまで、『記紀』で、応神天皇と諡名された苻洛は、神功皇后と共同統治していたのだろう。しかし、単独で列島を支配するようになると、たちまち、海外遠征にむけて動きだした。すなわち、応神二年は、三九一年だが、この年こそ辛卯年で、この年から、広開土王碑に、倭が海を渡って百済、新羅を破り、臣下としたとある年である……。

「倭以辛卯年来渡海破」

このことは、韓国系のある研究者は、「倭辛卯年を以て来たる。（高句麗）海を渡りて破る」と読める、という疑問を呈している。多くの説は「倭、海を渡りて破る」。ユウコもそう読んだ。が、自国の敗北を碑に刻むだろうか？　日本でも戦勝の碑はあちこちにみかけるのだが……。いずれにしても、日本海をさっさと往来して、戦ったということである。

万一、高句麗が海を渡ってきているのであれば、出雲の辺りに上陸したのだろうか。日本の東北地方には、もともと、高句麗からの渡来人が多くいた、という説もある。

苻洛は、百済の枕流王という説がある（枕流王、辰斯王とともに、武内宿禰は近肖古王の孫。近仇首王の息子「阿花」説がある）。

秦は、氐《テイ》族である。そしてこの話の舞台は、五胡十六国にまで及んでいるようである。四世紀はじめ、五胡十六国とほぼ同時代、ヨーロッパでは、フン族の西移に触発され、民族の大移動が生じている。それと対比して、東の民族の大移動とよばれることもあるが、事実は、異なるともいわれる。じつは、漢人支配から離脱を果たして自立する躍動的ともいえる国家がめまぐるしく興り、そして滅んでいったのである。華北では、匈奴、鮮卑、羌、氐、羯の五種の異民族が、中原一帯に、相次ぎ南下し、およそ十六の国家が一世紀にもわたって乱立していた。

氐族の苻氏は、秦（前秦）を興した。

苻健により建てられ、三五一年に長安を都、国号を大秦とした。苻堅（三五九〜三八五）という人は、苻健の子、苻生から帝位を奪って即位した。苻堅は、五胡十六国中で、第一の名君といわれる。漢人の制度、学問を取り入れ、分立していた胡族国家を一時的に統一するまでに秦を発展させ、その勢いで、東晋併合、中国統一へと、その理想主義を広げていったが、後秦（東晋）の姚萇《ヨウチョウ》に捕らえられ殺され、五胡は再び分裂抗争、となっていったのである。

そう考えていくと、ユウコは大善寺に伝わる玉垂宮の「桜桃沈輪討伐譚」は、それとこの話と関係があるかもしれない、とふと考えた。

熊襲征伐や土蜘蛛退治という『記紀』でおなじみの征伐譚に収まっていない「桜桃沈輪」という、聞き慣れない賊の名は、五胡十六国あたりからやってきたような気配がする。後秦の姚萇は、名君、苻堅を殺し、その一族の苻洛まで、列島に追わせてきたのかもしれない。河川を下って大海に出、列島の倭のどこかのクニと交渉があったのがもしれないのである。

大善寺玉垂宮に伝えられているという『吉山旧記』という文書には、どう書かれているか、ユウコは落ち着いて読んでみた。

仁徳天皇五四年（三六六）、肥前国水上桜桃沈輪発起し、異国へ内通し、悪徒を集め、諸所乱妨の旨を百姓等乱訴に及び、これに依り葦連奏聞奉り、同帝五五年（三六七）丁卯十二月勅命に随ひ藤大臣、難波高津宮を出て同年同月二十四日筑後塚崎葦連館へ、ご下着在す。

大臣秘斗をめぐらし、同帝五六年正月七日朝、賊は残らず退治し給ふ。夜に入りて、沈輪行方しれず、大臣四方に命じ、大池を囲み棒を持ってその岸を打ち、松明を照らし、鉾を持って水中を探り、沈輪遁るる処なく棒を奪い取り、葦連目当て打て掛かるを、用意の刃を抜きて沈輪の首を抜き給ふ。其の首虚空に舞い上がる。大臣八目矢を持て打落し、茅を集め焼き給ふ。是れ鬼夜の始と云ふ。

つまり五六年（三六八）正月七日、大臣は、沈輪を追い詰め、葦連が沈輪の首を打ち落とす。その首が虚空に舞い上がると、大臣はそれを八目矢で打ち落とし茅を集めて焼いたのが、大善寺鬼夜の始めだと言っている。

大善寺の造営は、三六九年であったらしい。

「桜桃沈輪」という賊は、肥前国水上とあるが、【異国】へ内通していた。

五胡十六国で、第一の名君といわれた、前述の苻堅（三五九〜三八五）は、後秦の「姚萇」に捕らえられ、殺され、五胡は再び分裂抗争へむかう。

（姚氏は、帝舜《シュン》の子孫の姓という）この「桜桃沈輪」は、異国の【姚氏】に通じているのでは？（桜は、回し者の意か？）

「姚」の字は、「桃」に似ている。「萇」はｃｈａｎｇ。大陸の発音で、聞こえたとおり、ｃｈｉｎｒｉｎ「沈輪」となったのかもしれない。

それゆえに、列島へ渡ってきた「苻洛」（苻堅の一族）を追ってきたのでは……？　単なる賊ではなく、「異国へ内通し」とある。外患？　であった故に、藤大臣まで、下向？　して征伐した、のではなかろうか。


高良の古文書には、脈絡もなく「苻」の文字が記されているところがある。

「イコクヨリノメシクセラレタルカウ人トフヲイロ〳〵ニ苻ヲツケ……」前後の脈絡なく、「イコクヨリノ……」「苻《フ》」という文字は、引用した奇説、〝列島にやってきた〟という「苻洛」の「苻」の字である。しかも、「イコクヨリノ（異国よりの）……」という字句まである。

藤大臣というのは、武内宿禰で、勅命は、神功皇后、これが、神功の熊襲征伐譚ではないかと記すものもある。

また、藤大臣については、（三韓を討とうとした神功皇后が、四王寺の峰で祈祷すると、明星天子住吉と、月天子高良が出現し、特に月天子高良は、大将軍として、安曇磯良や海神から、干・満の二球を入手して、三韓征伐に大活躍した。武内宿禰は、月天子高良を藤大臣と称するよう皇后に奏した）とするものもある。また、「あえて正体を明かさない。」とも記されている。

また、別説は、（藤大臣は、異国征伐の時、千珠・満珠を龍宮へ、借りにゆくための、仮の名で、本名は、高良大菩薩。皇宮におられた時は、忝くも、「月神」で在したが、位を辷り、太政大臣正一位とかわりたまう）という。

苻洛の話などから推すと、日本列島、朝鮮半島、中国と河川や海を越えて、縦横に往来がおこなわれていたということになる。

古代の海運を過小評価してはならないという説もある。また後世、白村江の戦い・秀吉の朝鮮征伐では、多くの軍船も渡っている。江戸時代には朝鮮の通信使がやってはきたが、鎖国のイメージで、思考停止になるのである。

十世紀、宋の時代に書かれた『太平御覧』には、「倭が東晋の安帝義熙九（四一三）年に朝貢するときの方物（その地方の産物）の名が、朝鮮人参と貂皮となっていて、これらの産物は、韓半島の特産物であって、日本では、産出しなかったものである」。

このことから推すと、少なくとも五世紀初頭までは、倭の主力は、南韓にあったといえる、という話もある。

▽ 桃の記憶

「姚」という字からユウコは「桃」、桃太郎、の説話がうかぶ。

大きな桃が、川から流れてきて、ばあさまが、拾って持ち帰り、割ると、桃太郎が生まれ出た。大きくなると、気はやさしくて力持ちの桃太郎は、犬猿雉を御供に、吉備団子を腰につけて、鬼が島の征伐に向かう。

桃は、この五胡十六国のひとつ「羌国」の「姚」氏で、中国の今の陝西省《カンセイ》のあたりから、ドンブリコと、大河を下って、列島、倭の荷洛を追って、貴国あたりまでやってきた記憶が、元になっているのかもしれない。吉備団子は、伽羅であるという説もある吉備国で、兵糧を調達して、犬猿雉に譬えられる様々な部族を従えて、（そのひとつが、肥前国水上にいた人々か）大善寺あたりまで攻め込んできたのかもしれない……。

否、そんなことはありえないのだろうか。

「桃太郎」は、室町時代の作といわれていて、勇ましい武人になっている。

【桃】については、『古事記』に次のようなお話がある。

イザナギが黄泉の国にイザナミを訪ねていって、這這の体で逃げ帰ってくるシーンである。「イザナギが黄泉ひら坂のふもとに辿り着いた時、その麓に生えていた「桃の実」を三個取って迎え打つと、追っかけてきた者皆、坂を逃げ帰っていった。そこでイザナギは、桃の実に、「私を助けたように、葦原中国に住むすべての生ある人々が苦しい目にあって苦しみ悩むような時には、助けよ」と仰せられた。桃の実は、「意富加牟豆美命《オオカムズミノミコト》」という名を賜った。その桃の実が、成って、川を流れてきて、桃太郎が生まれた……？

出雲の神に、イザナギの麻奈子（愛児）「熊野加牟呂命」がいる。『出雲国風土記』『延喜式』に載っている「出雲国造神賀詞《イズモクニノミヤツコカムヨゴト》」の中にある、加武呂岐熊野大神櫛御気野命のことである。

イザナギの愛児と同じように桃の実は、名を賜っている。「熊野加牟呂命」は熊野に祀られている。「意富加牟豆美命」と名付けられた桃の実は、この名の文字からすると（様々当て字はあるようであるが）、日本列島以外の場所（意富……国？）で、牟の一族に加えられて、成長したことを暗示しているのかもしれない。ということは、桃太郎は、ドンブリコと流れてきたが、実は日本の皇統にもつながる神だった、というお話になる。『日本書紀』をはじめ、日本側の書物にも、応神天皇の出生については、通り一遍ではない。

大阪、羽曳野市にある、応神天皇陵は、有名であるが、ようやく外部の調査が行なわれたことが、今ごろニュースになった。

応神には、様々な名前がある。「誉田天皇」とも呼ばれた。

この天皇は、母の胎内におられたときから、天神地より、三韓（百済・新羅・高句麗）を授けられた。

応神天皇が誕生した時に、体に型が現われていた。その型は、弓を射る時の装具、「鞆《ホムタ》」に似ていたという。なぜかといえば、母の神功皇后が、応神天皇を懐妊していた時に、鞆を身につけていたからだという。

中世の百科辞書にあたる書物に、貴族の正装である束帯についての有職故実がのべられている。

応神天皇には、「海神」の血が流れていたために龍の尾がはえていたという。そのために、これを隠そうと、束帯の後に引く「裾《キョ》」というものが、考案されたという。この聖痕伝承によって、天皇が、武具と一体であると意識され、軍神信仰が生まれたともいうのである。

▽　宇佐八幡と応神

そこで、八幡信仰と応神が、結びつけられている。しかし、八幡神そのものの由緒についても定かでないらしい。

信仰の本源は、九州の宇佐である。

『延喜式』に、宇佐郡三座として、八幡大菩薩、宇佐宮・比売神社・大帯姫神社があげられている。祭神は、八幡大神・比売大神・大帯比売大神。

豊前宇佐郡では、古来、馬城峰《マサノミネ》の峰の神を、宇佐国造が祀っていた。そのころ、律令制に連なる大神比義という人物が登場して、この八幡神に応神天皇の神格を与えることにつとめ、和銅五年（七一二）令制宇佐駅の近く、「鷹居《タカイ》」に、官社八幡宮を創立した。

宇佐八幡の生誕にまつわる説話がある。

（この馬城峰の麓の菱潟池のほとりに、八つの頭を持った鍛冶の翁がいたという。翁に出会えば皆死んでしまう、というので、人々は、なかなか近づこうとはしなかった。その土地の神主でもある大神比義は、勇気を出して行ってみると、翁の姿はなく、金色に輝く「鷹」がいた。大神比義は、この鷹こそ、神ではないかと、その正体を見破ろうと、山中で、三年間修行をすると、突然目の前に、三歳の童子が現れ、次のような神託を下したというのである。

「辛国の城に初めて八流の幡を天降して、吾は、日本の神になれり」）

辛国は、加羅＝伽耶、韓国と解するならば、宇佐八幡が、伽耶とつながりがあったことをあらわしている。そして、地名の「鷹居」は、この金色に輝く鷹が居た、ということが由来なのかもしれない。『三国史記』では、「鷹峰」とは、高木山のこと（いまは北漢山）、聖山、負児獄《フルタケ》（岳城）、高木神の地を意味するという。また、鷹は、天狗の意味もあり、天皇家では、名号に最も鷹を用いるともいわれている。

鷹尾神社の鷹ともなにか、関わっているのかもしれない……。

さらに、大和朝廷の権力下に入り、日神所生の「三女神」の祭祀に変わった。(「三女神」とは、「宗像神社」の三女神と同じである)

八幡神が神威を示したのは、奈良東大寺の大仏建立の時、宇佐から、大神朝臣杜女が参上して、八幡神が、大仏鋳造を授けようと託宣されるという伝えによる。

平安時代には岩清水が、八幡宮とされている。貞観元年(八五九)に僧、大安寺行教が、京都の南郊、石清水の男山に、石清水八幡宮を勧請し、皇城鎮護の神となった。さらに、八幡神は、延暦二年(七八三)、宇佐八幡宮に、「護国霊験威力神通大自在王菩薩」と「八幡大菩薩」の尊号を賜った。

天台・真言宗では、八幡神を加護して鎮守とした。

また、武士の政権になっても、源氏の崇敬を受けた。特に、源頼義・義家・頼朝は、信心厚く、鎌倉幕府の守護神として、「鶴岡八幡宮」を勧請した。

武家の勢力の台頭とともに、広く武家の守り神として、全国に祀られることになったのである。

八幡神を「武神」とするのは、そのように広く、「武士に信仰された」ためであるともいわれている。

庶民にも広める目的の縁起、『八幡宮巡拝記』（石清水に関する説話）や八幡神の霊威を子供にも解りやすく学ばせる目的で、『八幡愚童訓』が編纂されている。八幡神はあらゆる人に広まっていった。

そのような経緯からすれば、八幡神は、概ね航海を司る渡来神に、様々な信仰が重ねられていったともいえる。当時の【政治的、国際的な必要から】朝鮮半島に由来して、宇佐の大神氏が祀った神が始原のようであるともいわれている。

◆応神の父を祀る御勢大霊石神社

応神の出生については、スキャンダラスな記事がある。

神功皇后の子ではあるが、通常の妊娠期間を超えて、胎内にいたか、あるいは、夫の仲哀天皇の死亡後に妊娠したか、のいずれかとうけとれるようなところがある、というのである。そのため、応神天皇の父は、身近にいた武内宿禰ではないかという。

さらに、摂津の国の住吉大社の、『住吉大社神代紀』には、神功皇后と、住吉大神との密通によって、応神天皇が生まれた、というショッキングな説もある。

系図の上では、神功の夫は、「仲哀天皇」にちがいない。名前から、神功とは、対照的。熊襲征伐で亡くなる、仲くらい哀れな天皇である。天皇の名だから、下々には、証されない深遠な意味が隠されている、と思いたい名である。

神功皇后の夫である、仲哀天皇（タラシナカツヒコ）が、熊襲征伐で、賊の矢に当たって戦死した、その場所だと伝えられているお宮がある。

それが、『延喜式神名帳』に登載された筑後国の四式内神社のうちのひとつである、「御《ミ》勢大霊石神社《セダイレイセキジンジャ》」。小郡市大字大保字龍頭にある。

　創建は、神社の看板には、神功二年とあるが、欽明年間ともいわれている。所在地の周辺の地名が、隈、乙隈、横隈、山隈、今隈、篠隈、小字地名が集中している。「隈」は、「熊」であるともいう。


　ここは、中世、南北朝時代、「大保原合戦」があったところでもある。戦いに向いた地形なのだろうか。

　ユウコは、もうずいぶん前のことであるが、この大保のとある学校の三階にある教室にいた。

「大保原」ともいうように、まだ周辺に人家が少なく、視界のむこうまで、原っぱ、田園が広がっていた。そういう光景が見わたせる、三階の三方が窓になった教室からそう遠くはない遠景二方に山が見える。台風の後の雨上り、山の端がくっきりと見える曇り空を、黒い雲が、走るように、一方の青紫に見える山をめがけて流れる。もれ光る太陽光線に照らされて、山は一瞬、銀鼠色に反射する。そこから、まるで、合戦のトキの声が、聞こえてくるような気がした。

　その後、しばらくして知ったことであるが、もしかしたら……ここは、古代においても、熊襲との対決、戦いがあったところだったのだ。お宮は、整備された道路の東側にあって、西斜め側にあるコンビニから見ると、昔の絵本に描かれていたような、なぜか郷愁をさそうような神社の杜の中に甍が見える。誰一人いない静寂の中にあった。近くには、新興の住宅が、多くなってきているようだ。とくに変わったところもないようであるが、樹齢何百年と思われる巨木の横に、立てたような岩があった。奥の本殿は、石積みの基礎のうえに社殿が乗っかっているようだった。整形した、コンクリートの普通の土台石と違って、小ぶりの石をそのまま、積み上げた、積石塚のような墓の上なのではないかと、思われた。石を、積み上げれば、巌となる？　年月が重なっていけば、苔もはえてくるだろう、あれ、あの歌は！

ユウコは、社の裏の方にまわると、木々の緑の葉が茂って薄暗い。そして、その土台の石の、重なり具合に、一瞬、ゾッとした。

裏の東北の端に、菊のご紋入りの、まだ新しく見える鬼瓦が立て掛けてあった。こんな、あまり知られていない、普通に見える神社が、「式内社」であったのだ。

看板にも、「延喜式神名帳筑後国四座一小社」と書かれていた。主祭神は、「足仲彦」（仲哀天皇のこと）とある。やっぱり、よく調べてあるウ！　と本当かどうかわからないが、ユウコは妙に、感心した。

誉田天皇（応神）筑紫に生まれ給う『記紀』系図では、仲哀と、神功皇后の子に間違いはない。父仲哀が、筑紫で亡くなり（別説もあるが）、応神が筑紫で生まれて、不思議はない。筑紫の蚊田に生れませり、である。筑紫の蚊田は、筑紫国御井郡賀駄、今の福岡県小郡市平方あたり、父とされる仲哀の神社の近くである。他に、筑前国恰土郡長野村蚊田（同県糸島郡前原町長野）あるいは、粕屋郡宇美町、説がある。

▽ 応神と武内宿禰

三韓征伐の帰りに、武内宿禰が赤子（応神）を抱き、神功皇后との三人で、船に乗った姿が五月幟にも画かれた。

この武内宿禰は、高良大社の主神とされていた。大善寺にやってきた「藤大臣」は武内宿禰だという説もあった。

『記紀』の伝承では、歴代の朝廷に仕えた、忠臣のモデルのような伝承的人物である。『古事記』によれば、孝元天皇の孫、『日本書紀』では、曾孫となっている。

後の氏姓制下の大臣・大連政治のもとで、大臣となった、葛城・平群・巨勢・蘇我の四氏をはじめ、二十八氏の祖先とされる。

また、三〇〇歳まで生きたという伝説的長寿の人である。景行朝には、蝦夷地を巡察し、成務朝には、はじめて大臣となった。仲哀朝では、神功皇后を助けて神意をうけ、新羅との戦いや、忍熊王の乱を平定するという功を挙げ、応神天皇即位に貢献した。

気比の大神を拝し、宗教的役割も持つ。渡来人を指導して、潅漑開発にあたったという、開明的性格が、指摘できるという。

一方、『三国史記』百済比流王紀には、二四年（三二七年）九月、内臣左平優福は、北漢山に背いた。王は、これを討った。優福は、武内宿禰だという。反した理由を記すものがある。

目支沸流王系（百済）の古爾王は、流民を治め、倭征服を画策した。その裏で、朝貢外交（晋および魏へ）も抜かりなく、という、偉大な王であったらしい。しかし、その子、孫の、責稽《セケ》、汾西《フンセイ》は、殺された。汾西の子、契《セツ》王は、幼少であった。

そこで、人望のある百済温祚系の比流が、推戴された。

これを不満に思った、沸流王家の汾西の弟、優福が、クーデターをおこして沸流王系への王位奪還をはかったが、失敗して、日本に来た。この優福が、武内宿禰というのである。「宿禰」は、目支国職制の内臣左平（首相、長老）のことであるという。比流王が亡くなったので、「契王」が即位した。三四六年九月に死亡、じつは、日本に渡来した契王が、応神天皇である。先に日本に渡っていた武内宿禰は、仲哀の子、忍熊、香坂王を破った。仲哀も架空の人物であるとする説からすれば、子ではないということになる。契王は、垂仁の系統を継いでいる。神功皇后も、応神が渡来人であることを隠す、万世一系にみせかけるための、架空の人物とも言われている。

神功の華々しい戦績にもかかわらず、半島や、中国の資料に、対応する記事がないというのである。また、神功は、卑弥呼である、という、『記紀』の前半は、あっているが、後半は四世紀のものである、という説もある。

神功の三韓征伐、母親としての役割のモデルは、誰か？　記紀編纂時のころの女帝、推古天皇とする説もある。

ユウコの推理は、別の意外な人物となるようであるが……。

▽　漢字の読み

契王は、応神、と名前を変えて渡来（去来《イザ》）した。応神の名は、次のように表記されていることもある。

『日本書紀』　応神即位前紀　去来《イザ》紗別、誉田別
『古事記』　伊奢沙和気、品陀《ホムダ》和気（本牟）
『日本書紀』　継体紀　牟太《ムタ》
『三国史記』　契王《セツオウ》

応神の別名、「牟太」「本牟」などという「牟」の字は、百済系王統を表す文字のひとつであるともいう。姓氏、牟ムの起源であろうか。
始祖、朱蒙にも、次の当て字があるという。

雛　牟　スム　『百済本紀』　好太王碑文
朱　蒙　スモー　『三国遺事』

仲　牟　チュム『日本書紀』天智天皇紀
都　慕　ツボ　姓氏録で倭君祖（淳陀太子）系譜
高御・産巣ムス・日神『古事記』（牟雛）スウ

隈（熊）のつく地名の集中地帯があったが、神をクマと読ませる川名（神代川《クマシロカワ》）が、久留米にある。景行の従者に、「神代の直」がいる。

中世、神代氏という豪族がこの地にいたのだが、熊を神という字に替えたという説がある。

「熊」という字は、動物の「くま」の意味に用いられるようになっているが、じつは、熊は、「火」をあらわしているという。

「熊熊《ユウユウ》」は、パンダの名のようであるが、中国をはじめとする大陸では、「熊熊」という熟語で使われており、火が盛んに燃え、光があざやかに光り輝きあう素晴らしい様子を賛美した気持ちをあらわしているという。

古代の人々に、火は最重要なものであった。「灬」は、連火あるいは烈火とよばれ、火が脚（漢字の下部）になるときの形。「能」は、粘り強く長く燃える獣の脂肉のことで、熊は、「能＋火」で、燃えて脂肪の乗った熊の肉がよく燃えることを示す。古代には、熊は、火の精である獣と考えられていたらしい。

熊野や、熊本などという字は、動物の熊の印象があるが、じつは、火が輝くところだったのである。また、木と木で、こすり起こした火を移し取るものを火口といい、それには、鷹の羽や、茅の花が使われた。鷹の翼の最下部の羽毛で、柔らかいものが使われたようである。茅花は、チガヤの花穂のことで、春に先立って、小花をつけた後、白い穂になる部分である。それに、強い酒を加えて煮て造る。そうすると、火がつきやすくなるというのである。熊、鷹、茅など、古代を語るに、よく使われた文字の背景が想像できる。

筑後に、この「牟」のつく地名があるところもある。宇佐にもあるし、他地方にも、散見するが、この文字に気をつけて見ると、「大牟田」市、もそうであるが、その北の方、旧三池郡、山門郡の西部を通りこして、旧三瀦郡の領域に、「八丁牟田」があり、久留米市の大善寺までの間に、奥牟田、中牟田、西牟田、前牟田、牟田口、牟田、などという地名が集中している。

この「牟」という字、なにか曰くありげではないか。例えば「山」とか、「川」、「上」などのように、すんなりと漢字の意味が、伝わってこない。

漢字源によれば、牟という字は、〈解字〉会意。「牛＋モウと声が出るさま」。増す、ふえるという意味もあるので、茂という字と同意とある。

そういうことならば、牟田は、実り豊かな田も意味するようにもうけとれるが、それならば、「豊田」や「増田」などのように、単純に意味が通じる字のほうが、わかりやすい。「牟」という字には、さらに、「もとめる」「苦労してもとめる」「むさぼり奪う」という意味も含んでいるようである。

あるいは「牟」氏の田、また、この「牟」という字の解字からすると、「牛」という字に関係がある。

韓国語のソは、蘇、(牛)をあらわすという。

干斯岐阿利叱智《ウシギアリシチ》の干斯《ウシ》にあたる、と説く人があるのだ。

干斯岐阿利叱智とは、『記紀』に出てくる【阿羅斯等《アラシト》】の異名のひとつで、ほかに蘇那《ソナ》喝叱智《ガシチ》、都怒我阿羅斯等《ツヌガアラシト》と同じである。

この名前を構成している「語」の互いに対応するものだけを集めてみると、「喝叱智・叱智・斯等」などがひとつのグループになり古代半島の地域の首長、あるいは大君長の意味で、敬称語尾である。「蘇と干斯」「那と岐」「阿羅と阿利」が、各々対応しているというのである。

「都怒我」は、彼が上陸した角鹿《ツヌガ》をさしており、今日の福井県の敦賀《ツルガ》を名前の頭文字にしたものであるという。

つまり、蘇・干斯は、日本語の「牛」を示す。那は、「地・土地・国土」を意味する韓国古語であり、「蘇那」は、「牛の地」、すなわち「牛の国」または、「鉄の国」を示しているという。

奈良時代、牛乳を煮詰めたコンデンスミルクのようなものを「蘇《ソ》」といっている。牛に関係している。

▽　阿羅斯等とは応神の父か

『日本書紀』垂仁紀・二年是歳条に、「御間城天皇の世に、頭に角が生えた人が、船十一艚に乗って越国の笥飯浦に来て止まった。そこで、そこを、角鹿とよぶようになった。彼に尋ねて「どこの国の人間だ」といったところ、答えて、「意富加羅国の王である。名前は、都怒我阿羅斯等、または……」と言った。もともと、意富加羅（大加羅）の王子であった」。次のような伝説がある。

彼は、ある日、黄牛に田器（農具）をのせて、王子でありながら、農耕に励んでいたが、途中で、牛が見えなくなった。そこで、出会った老人に教えられて、牛の跡をたどると、郡公（村の役人）の家で、それが消えた。郡公が、牛を捕らえ、食べてしまったことがわかった。ツヌガアラシトが、郡公に、代償を求めて、村の社に祀っていた白い石を要求した（それは、老人にそのように、教示されていたのである）。その石を閨に入れると、若い、美しい女性に変わった。が、交わりを迫ると、姿を消してしまった。東の方へ行ったというので、それを追って、ツヌガアラシトは、日本の敦賀までやってきて、角鹿、則ち敦賀の神となっている。

「日本の天皇の開祖」と説くものもある。

『日本書紀』の応神紀にも似たような話がある。

新羅のアグヌマ（阿具奴摩＝阿具沼）という沼の畔で、昼寝をしていた女性が、日光に感精し、（日の輝虹の如く、その陰上を指し）赤い玉を産んだ。男が、それを見ていて、その赤い玉を手に入れ、大切にしていた。

ある日牛に食べ物を積んで道を行くと、【天之日矛】（ツヌガアラシトと同一神ともいわれる）と出会い、牛を殺して食べようとしていると誤解され、怒りに遭う。男は、赤い玉を天之日矛に差し出し、許してもらう。赤い玉は、女性に変わり、日本に渡って、比売語曽神社の祭神になる、という話である。

日光に感精して玉（子供）を産むというのは、高句麗の始祖・朱蒙の誕生神話に似ており、他のアジア諸国にも、似たような神話がある。

このような神話、伝説は、その人物の神聖性を示す寓意の描写であるという。

ツヌガアラシト＝意富伽羅（大伽羅）の王＝応神の父＝日本の天皇の開祖＝天の日矛という関係になっている。

▽　牛頭天王とスサノオ

伽耶の中心をなす伽耶山を牛頭山と呼んでいる。牛の頭の山である。「牛頭」と名のつく神様が日本にいるのである。
京都、祇園の八坂神社は、四条の大路を東に歩いていくと、突き当たりに、朱塗りの門が見えてくる。
その八坂の、西向きの朱色の門をぬけて、すぐのところに、のぞくと、【蘇民将来】という横に文字の見える疫神社がある。
「八坂」は、有名な神社であるが、江戸時代以前は、「祇園感神院」といわれていた。この神社が、ここに鎮座するまでには、比叡山や奈良へ、さかのぼることができるほどの由来があるのだが、明治の神仏分離以前、旧郷名によって「八坂」とされた。
祭神は、
中の座　素戔嗚尊【牛頭天王】
西の座　櫛稲田姫命（婆利采女）
東の座　八柱御子神（八王子）
の三座である。社伝では、斉明天皇二年（六五六）高麗の伊利之が、新羅国【牛頭山】に鎮座する大神の御魂を伝えたという。

『日本書紀』では、素戔嗚尊は、その子五十猛を率いて新羅の曽戸茂梨《ソシモリ》に天下ったとしている。

鎌倉時代になると、南都の円如が、東山山麓、八坂郷の祇園林に堂宇を建立し、薬師、千手などの仏像を安置した。

室町後期「二十二社註式」には、牛頭天王は、始め、播磨の明石の浦に垂迹して、広峰に移り、さらに、北白川の東光寺を経て、その後、元慶年中（八七七〜八八四）に、感神院に移ったという。

以後、疫病退散の御霊信仰と結びつき、さらに、京都の中央部の氏神として、祇園祭の発生に結びつく。

明治になって、神仏分離により、仏教色を切り離し、仏堂や、仏像が移転され、官幣中社八坂神社となり、大正四年に、官幣大社に昇格した。

祇園祭には、蘇民将来説話が関連する。『備後国風土記』に、「吾は速須佐雄の神なり。後の世に、疫気候あらば、汝、蘇民将来の子孫と言ひて、茅の輪を以ちて、腰につけたる人は、免れなむ」。武塔神が、祇園の祭神である素戔嗚尊とし、「蘇民将来之子孫也」と茅の輪に書き、腰につければ、疫病から免れるというのである。

祇園祭の山鉾から授与される粽や、七月の晦日の夏越の祓いの茅の輪にも、この小文字を記した小札をつけている。

茅萱《チガヤ》は、神代の昔から、邪気を祓うといわれている。天うずめ女命（髪飾りをした女の神）が、「茅」まきの矛を持ち、天石窟戸の前に立ち、巧みに俳優をなす。滑稽なしぐさで踊って、神や、人の心を慰めることによって、神意をうかがったのだ。

長岡京の発掘現場で、「蘇民将来之子孫者」という文字が書かれた護符が発見されている。この札が出土する例は多いが、最古のものといわれる。また、『備後国風土記』の逸文にでてくる「蘇民将来」が、日本の古記録に一番最初にでてきた文章として知られている。

祭神である【牛頭天王】は、「天皇」の称号とまぎらわしいというので、祭神を「スサノオノミコト」としなければならなくなった。「牛頭天王」という「異神」を、明治政府は、認めたくなかったといわれている。なぜかといえば、これは、記紀神話の枠からはみだす存在であり、そうした神統譜の秩序を破壊しかねない異形、異端、異色の神であったことに加え、その「天王」という呼称も「天皇」とまぎらわしいとして問題にされたのである。

江戸時代を通じて、「テンノウ」といえば、それは、「天王山」や「天王社」の「天王さん」であり、皇国日本を統べる万世一系の「天皇」のことではなかったともいう。

現在でも、天王州や天王崎、天王台といった地名が多く残っているが、これらは、「天王社」という神社にまつわるものであり、牛頭信仰に由来するものであるといわれている。

つまり、牛頭天王が、近代以降の日本神話の世界で、抹殺されなければならなかったのは、こうした、「天皇信仰」の障害とならざるをえなかったからであるといわれている。八幡神にしろ、熊野神、白山神、稲荷神などの信仰にしろ、ことごとく、「記紀神話とは無縁な、民間の雑多な神信仰に他ならない。本質的には、牛頭信仰と同じように、アマテラス、ニニギノミコト、神武天皇という皇統譜につながる日本神話の正統とは、全く別系統のものであって、それは、正統神話に対する異端神話であり、そのことは、逆に、正統神話のその正当性に、疑念を突き付けるものであったといってもよい」という説がある。

牛頭天王は、正統（とされる）神話世界から、抹殺されるだけの意味を持っていたというおそろしい？　見解があるのだ。

こわいのは、名前から想像される化物のような気味悪さだけではなかった。地獄の獄卒ともいわれるのである。

一方、もと、インドの祇園精舎の守護神とも、薬師如来の垂迹ともいわれる。「防疫神」として、祀られているのである。

枚方市に「百済王神社」という神社がある。名に示すとおり、百済王の氏神として、東隣にその跡を残す百済寺と共に、奈良時代（八世紀後半）に始まったという。神社の霊祠廟由緒によれば、聖武天皇が、河内交野中宮の地に、百済王の霊を祀らせられた。また、百済最後の王、義慈王の息子の曾孫、敬福は、手柄あって、広大な土地を受領し、そこに先祖を祀る広大な百済寺を建立したともいう。百済国王、武寧王の子孫、高野新笠を母とする桓武天皇は、度々、交野に行幸された。百済寺跡の寺域に百済王神社が収まっている。近年、複数の大型建物群が発掘された。それによると、百済王の御霊を祀る祠廟が整然と立ち並んでいたことがわかり、中央寺院と比較しても遜色ないものであったということが、確認された。

ここの祭神は、百済王神、そして、進雄命《スサノオノミコト》（牛頭天王）とある。

出雲の熊野大社も祭神スサノオノミコトが、茅の輪を蘇民将来に授けた、という故事にのっとり、夏越祭に、「水無月の晦日祓」、「大祓」などとよばれる、行事が行なわれる。身のけがれや疫病をはらおう。夏の暑さを無事に過ごせるように、「茅の輪くぐりの神事」が行なわれる。

お札や、お守り売場には、手のひらにのるようなサイズの「茅の輪」が売られている。「櫛」も、売られていた。古代人は、櫛を「奇し」とし、霊的な意味を持った装身具と考えていたという。

ここに、櫛があるのは、この神が、「熊野大神櫛御気野命」で、櫛という字がある。御気は、ミケ＝御食だという。

熊野大神は、スサノオノミコト（素戔嗚尊）の別名で敬われるとともに、食物の生産、つまり、穀神として祀られている、と同時に防疫神でもある。

光明皇后ゆかりの奈良の法華寺で茅の輪くぐりが行なわれていた時に偶然行き合わせたことがある。

公家の出というので有名だった女優と顔立ちがよく似て、老齢ではあるが、佇まいの美しい門跡も茅の輪をくぐられた。寺であるが、奈良の寺は古代の神話にもゆかりがあるからなのだろうか、それとも、光明皇后の、施薬院、悲田院などという古代の福祉事業？の気脈がとぎれていない故なのだろうか。

たしか、高良大社でも、六月に、「へこかきまつり」というのがあって、境内に大きな茅の輪がしつらえられて、氏子の男の子たちが、その輪をくぐって、厄払いをする。

ユウコは、「へこかき」という、面白い名まえの祭りは、すっかり忘れていたが、久留米ではそういう祝い方をするのか、と、ある日新聞広告を見て、思ったことがあった。

思い出してみると、「大祓」という行事も、十センチメートルばかりの人形の形をかたどった白い紙が、各家に配られてきて、それで、体をなでると、病気にならない、といわれていた。どこの神社のものだったのだろうか。「ウウニンギョウ」といっていたようでもある。散漫な記憶をたよりにわかったことは、上庄八坂神社（みやま市瀬高町）の祇園祭で、「大人形と大提灯」で、県指定の有形民俗文化財になっている。「ウウ」とは、とても大きい、という意味で、「ウウボリ」は、とても大きな堀というような使い方をする方言である。鄙びた表現であるが、単なる大きさだけでなく、時には多少の畏敬の念も加わる、その土地の人しかわからない微妙な言い回しなのである。それで、茅の輪ならぬ、このウウ人形の股をくぐって、無病息災などを願うのである。

そうしてみると、法華寺などは、寺である。神仏混淆、そして、地方の神社でも行なわれていた。古代の人々は、無病息災、防疫を、神仏に如何に祈ったか、神社の歴史は、人々の祈りの歴史でもあったという当たり前のことを、今更ながら思い知ることになる。

八幡神の伝承も、様々な点において、牛頭天王伝承と重なり合うものを持っている、といわれている。

神功が、海を渡ろうとするときに、海中から現われて岩となる神牛の伝承は、奇妙な物語であるが、これも、八幡神のどこかに、牛に関する信仰が、強いかたちで、関わって示すもの、という。

「牛」は、古代において、何か、特別の意味を持っているかのようである。

「牛耳る」というコトバは、首領となって、ある人、あるいは組織を意のままに操縦することをいう。この語源は、春秋戦国時代の故事に由来する。

春秋時代は、周王の権威が失墜し、周王を頂点とした「封建」的身分制の崩壊があきらかになっていく時期である。周王に代わって多くの都市国家（邑）の君主即ち諸侯を糾合する覇者が登場して、中原の秩序維持を図った。覇者（たとえば斉の桓公等）は、会盟を執り行って存亡（亡国の復興）や、継絶（断絶した諸侯家系の復活）などを実施した。会盟での儀礼は、非常に重要なものとされた。まず、壇を設けて犠牲牛の耳を執る長を決め（牛耳るの語源）、牛を屠ってその血を青銅盤に注ぐ。長から順に血をすすって誓約し、その内容を載書・誓として血書し（盟書）、最後に犠牲の血とともに、載書・盟誓を埋めるのである。朱書きは、血書の代わりである。殺牛は、漢神（韓神）の祭祀なのである。

このようなことと、関わりがありそうなのが、「熊野牛王の誓紙」あるいは、「牛王宝印」である。

熊野神社、あるいは、手向山八幡宮、京都八坂神社、高野山、東大寺、東寺などから出す厄除けの護符。その裏面には、デザイン化されたカラスが印刷してあって、一種の不気味さ、神秘感をともなったものであるが、重大なことの契約をするときの誓紙に使う。起請文を記す。

「殺牛」という儀式は、農耕に必要な雨を降らせる（祈雨）ための儀式、つまり、農耕儀礼のひとつで、世界的に広くみられる習俗であるが、農耕に使役する役目のあった牛を殺してまで行なう誓文は、破ることはできないのである。

また、七夕の彦星を牽牛星（鷲座の首星、アルタイルの漢名）は天の川を挟んで、織女星（ベガ）の向かいにある。これも牛である。

京都太秦の広隆寺で、陰暦九月十二日夜に行なわれる神事で、「牛祭り」がある。摩多羅神を祀る。寺中の行者が仮面をかぶり、異様の服装をして、牛に乗り、祀殿を回り、上宮王院の前で、国家安穏・五穀豊穣・悪病退散、の祭文を読む。

中国、『楚辞』の「天問」他、『山海経』という古書によると、殷の王子、王亥《オウガイ》がはじめて牛を飼い馴らしたという。

牛は、天神の使い、という俗説もある。

例えば、太宰府天満宮の牛は、菅原道真が、京より流されてくるときの牛車の牛かと、ユウコはなんとなく思っていたのであるが、まだ古い、古代の国の始原にかかわるような意味があるようなのである。

大善寺玉垂宮の近くにも、八幡宮関係の伝説が多い。

藤吉には、「松童丸」の地名がある。松童は、男山では、高良社板敷の下に座す神である。夜明けには、朝日寺がある。これは、三池長者藤吉種継の孫神子栄尊開基の寺である。栄尊は、高良山座主元琳に養育され、宇佐八幡の垂教に従って、栄西に師事。のち、宇佐八幡に仏戒を授けたので、神は喜んで彼を、神師とよばれた。
塚崎には、高三豬廟院がある。高良大菩薩の廟所という。弥生時代の古墳である。
高良大菩薩の廟は、早津崎にもある。
もと、玉垂宮の頓宮だったという。

このように、大善寺の玉垂宮には、本社にもまして、八幡宮関係伝説が、濃密に遺存しているといわれている。鬼夜の鉢巻きも、左三つ巴紋で、「八幡の紋」のようである。
南北朝時代に記されている、「高良玉垂宮縁起」に記された「九躰王子座位之事」として、記されている名は、そのうち八体が、牛頭天王の子の八王子の名前と同じである。神名としては「天王」を名乗る。

第一王子　相光天
第二王子　摩醯首羅天
第三王子　倶摩羅天
第四王子　得脱神天王
第五王子　良侍天王　（良士）
第六王子　達尼竭天王
第七王子　甚深天王
第八王子　宅主神

第九王子　不可得天王

八王子は、八皇子・八将軍・御子神などとも呼ばれており、個々の神も縁起や祭文に、また、本地の仏の名も、各々、異なっているものもある。神宮暦の暦神、方位神にあてはめられている。後世、陰陽師がつくり、様々習合されたのだろう。

牛頭天王は、ツヌガアラシトのことであるともいう。ツヌガアラシトは応神の父であるらしい。

応神天皇は、八幡宮とは、おおいに、関わりがあった。祭神にされている。親子関係、つまりは、同系の神である。

応神は、たしかに、大善寺に足跡を残している、あるいは、関わりがあったと思えるフシがある。神功の足跡が、多く残されているのだから、そのお腹の中の応神も一緒だと考えられなくもない。地名の「牟」は、応神の「牟」に関わりがあるのでは、と思えてくる。この「牟」は、応神の出身王家、ともいわれる祖先の名でもある。つまり三韓の王の祖、朱蒙の名も牟である。

万葉集の日本語の漢字は、その意味から離れた当て字である。また、当て字も意味は同じでも、異なっているものもある。

民族言語は、同意の異字を集め、また、音韻の変化を知って法則化している研究者もいるそうだ。たとえば、日本語は、南島語を除いて、ツングース語・モンゴル語・トルコ語・韓国語と同じアルタイ語であるが、発音の変化（方言・訛音・古代音・現代音）がある。例えば、沸流をアルタイ語ブル・ビリュ・ブルダとよみほぐさねばならないというのである。

この、文字の「音韻変化」によって、読み証された流儀にあてはめて、読みといていって、意外な結果を導きだされた説もある。

のちの百済、沸流王家は、「弥鄒忽《ミスコル》」に居所を定めた。これは、前漢成帝鴻嘉三年（AD一八）のことである。『三国志』地理に、弥鄒忽《ミスコル》買召忽は慶源府、召源。高麗時代は、慶源、その以前は弥鄒忽、李朝には、済物浦、あるいは、仁川といわれ、今は、仁川である。

ミスの音漢当て字は、弥鄒、買召で、また、後の『後漢書』漢伝の目支で、馬韓は、最大　その種族を立てて辰王とし、目支国に都し、三韓のすべての王である。また、同書、三国志も、辰王は、目支国を治めている。

ミスは、日本語の水で、弥鄒＝買召＝目支の音変化であり、水場は、牧草地の水飲み場であるから、牧＝マキ＝目支でもある。

水の語源は、ミ、ビでモンゴル語、満つ、びっしょりである。韓国語、雨ビ、沸流。イリは、トルコ語の領国。例に、百済王都慰礼があり、イリヒコは、国王族の意味。イニエは斎餐で、神の食物をささげる人。沼ノ城沼《ヌノキヌ》は、水場、沸流の城。

崇神天皇である「御真木入日子印恵命」は、沸流の目支国の王族で、巫王という意味になっている。「水沼」をも表している。マキは崇神の名の御真木で目支国の地名を移した。ミマキは、ミズマ、ミヌマでもある。

『和名抄』によると、「筑後国三潴」は、「美無万」とも書く。『常陸国風土記』は、「美万（麻）貴天皇」と記す。

▽　地名の一致

ここで、九州と、近畿、ふたつの土地の地名が、セットになって、一致することが、指摘されている。

それによると、

「福岡県甘木市の中央の「三輪町」を中心にして、その南から、東回りに、高田、朝倉、香山、鷹取山、山田、田原、笠置山、三笠山、池田、三井、といった地名が配置されている。一方、奈良盆地では、三輪山を中心にして、これと同じ方向に、同じ順序で、高田、朝倉、香久山、高取山、吉野、音羽山、鳥見山、山田、田原、笠置山、三笠山、池田、三井、という地名が、多少のズレはあるものの、実に、見事に一致して、配置されている」というのだ。

また、ある考古学者は、これと同じように、地図を用いて発見している。両地方で、一致する地名のセット数は、九十個にも及ぶという。

とりわけ、甘木と佐賀県の鳥栖市を結ぶ線上には、奈良、春日、布留、などの地名がならんでいる。それは、『日本書紀』の武烈紀にでてくる歌謡、〜石上、布留を過ぎてコモ枕、高橋過ぎ、物多に、大宅過ぎ、春日のかすかを過ぎ〜という語句に綴られている地名が、西から東に、正しく並んでいる。また、北九州に、蘇（曽）我、羽田、平群、巨勢、葛木（葛城）の名前があり、それに、肥前の基肄をくわえると、これらは、『記紀』の中の巨人である、武内宿禰の六人の子供たちの名前になる。しかも、この六氏は、五〜六世紀の大和王朝の、大豪族である。

このように、多数の地名の一致は、人間集団の大移動の足跡を示すものといわれる。そうであれば、その移動は、筑紫から、大和へ、人が大移動していると考えてもおかしくない、という説には、説得力がある。

仮にこれらの地名は、『記紀』編纂の後、それに基づいて、地名が付けられたとしても、なぜその地にそのような命名をしたのか、という理由、謎も生じるのである。

遡って、遺蹟や古墳も、弥生前期に、北部九州に、福岡県吉武遺蹟群があるし、中期前半に、佐賀の吉野ケ里遺蹟があらわれている。中期後半になると、須玖岡本遺蹟もあらわれる。その近くに、なんと、熊野神社もあるのである。そこには、福岡の大地震のときに壊れたとおもわれる、石造物の残骸があった。歴史に名を残すはずの遺蹟、遺物も、このような天変地異によって、失われてしまうこともあったのだと改めて思われる。壊れかったようなお賽銭箱には、左三ツ巴の八幡の紋が貼りつけてあった。

弥生後期終末になると、ようやく、近畿地方、奈良に、ホケノ山古墳や、箸墓古墳、黒塚古墳などが出現する。北部九州にも出現する古墳の規模において、近畿勢が圧倒していくのである。

▽　崇神と水沼君

もう一度音韻変化による読みをみてみよう。

崇神天皇、ミマキイリヒコ

ミヌマの君、水沼君

水　ミス＝弥鄒忽＝目支国

沼ノ城　沼は水場＝ブルの城

水沼、目支国（半島の）沸流である。　真木、水沼と同じ意味、今の仁川。

伊勢・五十・磯＝沸流
磯宮＝皇大神宮
水表ミナカタ＝胸形＝宗像。海のむこうの天皇家の故国をさす＝天皇が、渡来人であることを示している。

三潴は、大善寺のとなりである。三潴の潴は水が集まり留まる所『漢字源』

太古、旧柳川領、三潴は、蒼海であった、と郷土誌にあるので、山裾と、ずっと久留米寄りのあたりが海岸線だったのかもしれない。が、寛永年間の柳川藩の地図には、鷹尾神社が、記されている。その頃は、三潴は、久留米領だったのである。

応神の渡来より前に、崇神が、そのあたりにいたことがあるのではないか……。崇神が水沼の君、あるいは、その祖先であるという説もある。

崇神、ミマキイリヒコや、応神は、天皇家あるいは、百済王家は、「濊族」の扶余族に属する王族といわれている。

この王家は、河海を求めて移動したという。それらの土地は、未知の土地ではなく、すでに、同族である「濊族」がいた土地であるというのだ。

勿論、他族や、中国江南あたりから渡来した人々がいたことも、証明されている。

弥生文化の集落は、すべて、日本海を渡ってきた人々の集落であるという説もある。

日本は、単一民族のように思われるが、そうではなかったようなのである。種族の構成の比率は、いろいろだろうが、長い年月の間には、鎖国であった時代もあって、大和民族とよばれたような変貌をとげたのだろう。あの中華思想をもつ中国は、五十いくつかの民族で構成されており、統一王朝は、異民族であった。

濊族は、『後漢書』に、扶余伝とともに、濊伝を残している大部族で、同族の沃沮《ヨクソ》、挹婁《ユーロ》なども列伝を残し、同じ習俗を持っている。

「山川を重んじ、天を祀る。（舞天）云々」

「檀弓を用いて猟をし、斑魚（ちょうざめ）を漁す」

（熊野大社年表では、頼朝、尊氏は、山川を寄進していた）

（『出雲国風土記』に、「桧、檀あり。謂はゆる熊野大神の社座す」。桧とは、火を起こす道具として使われる大切な木である。檀は、真弓の意味で、弓をつくるのに一番適した木である。この風土記の中で、「檀あり」と記されているのは、出雲国の中で、この熊野山

だけである）

また、この部族は、洛東江の波模様が刻まれた、櫛目文土器（櫛の歯の模様のある土器）文化を残している。

この土器は、九州有明海沿岸にもあって、濊族（熊トーテム族）の移動の分布を示している、というのだ。この種族が韓半島の主幹民族でもあり、日本人にもなった、というのである。

崇神が、水沼の君祖先だとすると、高良山に、高木神を、最初に祀ったのは、崇神ではないかということも推測できる。

「崇神紀」七年二月の条によれば、天皇は、疫病の流行、五穀の不作を憂えていた。三輪の大物主神の夢のお告げに従って、その神の子、大田田根子を求め出し、大物主神の祭主にして、祀らせた。一方、占いによって、物部連の祖、伊香色雄《イカガシコオ》を神班物者《カミノモノアカツヒト》に任じて、八十平瓮を作らせて神を祀ったところ、効果はすぐに現われ、流行病もおさまり、穀物の実りも豊かに稔ったという。

伊香色雄は、崇神の母の弟、つまり、崇神の祖母も、母も后も物部氏である。さらに、物部阿遅古連公は「水間君の祖」ともいう。崇神もそのようにいわれていた。

姉妹の物部連公布都姫夫人は、家名、御井夫人、石上夫人ともいい、布都とか、石上などは、物部氏に関係するような名である。

宗像の八上姫の子は、「木俣神《キマタノカミ》」、すなわち「御井神」である。八上姫は、大国主の妃の一人である。木俣神は、八上姫が、木の俣に挟んで連れ帰ったという。

「御井」とは、『和名抄』三井郡一帯であり、今の久留米周辺一帯である。弥生時代の広矛も出土している。筑紫造磐井が最後の決戦をしたところでもある。この一帯、筑後平野を一望するところが、景勝の地、高良山である。高良山には、多数の古墳も存在する。

伊香色雄の神物班者として、石上神宮祭祀の第一人者である所以をとく記述も三輪山の神意によるものであることの暗示であり、皇子の一人を皇嗣と定める夢占いの舞台も三輪山であり、三輪山の神意により太子が決められることは、三輪山が皇室の祖先神であることを示している。

物部氏、三輪山の神、崇神天皇、この三者は、このようなことだけでも、密接な関係があり、この三者を結びつけているものの存在を、示唆しているようである。

この三輪の神についてであるが、『日向国風土記』逸文に、

「日向国風土記曰く、

宮埼郡。
高日村。
昔者、自天降神、以御剣柄、置於地。
因曰剣柄村、後人改曰高日村。
其剣之柄、居社敬祭、名曰三輪神之社。

昔、天からお降りになられた神が、御所持の剣の柄をこの場所に置かれた。それで、剣柄村《ツルギノタカビムラ》というのである。後人は、言い改めて高日村というようになった。その剣の柄を神社に奉りお祀りし、その社の名を三輪神の社というのである」という記事がある。

『和名抄』によれば、高日村は、宮崎郡の郷名になく、不詳。高日村、三輪社は、所在不明とある。

ここでいう「日向国」は、現在の宮崎県のことをいっているのではないのではなかろうか。日向は、日田を含む筑後川沿岸の一帯にあった、とする説がある。実際、筑後の八女地方に、日向神峡があり、「日向神ダム」「日向神社」などという名もある。

▽ 日向について

『日本書紀』の景行天皇条には、景行の、九州内の行幸が記されている。その「日向」という文字に注目していくと、先に、「神代十段」正文では、彦火火出見尊（海人の娘を娶って宮殿に三年いたという。その子はウガヤフキアエズノミコトといい、神武の父である）が、崩御されて、「日向」の高屋山上陵に葬られる。垂仁五年冬一〇月己卯の朔、天皇、久目に行幸あって、高宮に居ます。一二年一一月日向国に到りて、行宮を起てて居します。これを高屋宮と謂う。

その後、襲国を平らげて、この行宮滞在六年に及ぶ（一八年一一月までということになる）。その間、様々の行幸があり一七年三月、子湯郡に行幸あって、丹裳小野に遊ばれた。その時に、東方を望まれて、側近の者に語って、「この国は、日の出る方に直面している」と仰せられて、それ故、この国を名づけて「日向」という。一八年五月、筑紫後国、御毛に至り、高田行宮に居します。

一九年九月の甲申朔の発き卯（二〇日）に天皇は、日向より帰還された。

以上のことからみると、一七年三月に、宮崎の子湯郡に到って、「この国は、日の出る方に向けり」といわれた。その後に「日向」と名がついている。

「日向国にやってきた」とは言っていない。天皇は、五年一〇月に久目の高宮にやってきて、一二年一一月に日向国に来て、行宮を建てている。この日向は、どこか。

一八年五月に御毛の高田行宮にいる。ここは、現在の福岡県の三池である。高田の行宮というのは、三池のとなりの高田町であろう。その後、八女（七月四日）浮羽へ、八月である。

一八年一一月ごろまでには、日向の行宮、高屋宮に帰りついて、一九年九月二〇日に日向から帰還した、というのは、子湯郡で名付けられたばかりの日向（その後かもしれない）ではなくて、筑後の日向、高屋宮からでなければ、日数もあわないし辻褄もあわない、ということからも、宮崎に先んじて、筑後に日向があったのである。高屋宮は、「たかやの宮」と読ませているが、「こうやのみや」と読めば、「高良の宮」。今のみやま市の大神の、こうやのみや（物部磯上神社）は、文字どおりではあるが浮羽まで戻っているのだから、久目（久留米）？　の高良宮（高宮）のほうだろう。「宮埼郡」は　官埼郡＝神埼郡と解してみる。（宮崎の崎は、埼ではない）

神埼郡は吉野ケ里遺蹟のあるところで佐賀県であるが、筑後川を挟んで久留米大善寺のすぐ西方約一里あたりのところである。県境や国境は、時代とともに合併や分割もあって、現在の行政区域とは一致しない場合もあるし、地名も変わっている例も多いことなどから考えると、高日村は、高村。例えば、玉名は、玉杵名の杵が抜けて、玉名となっている。

「高村」は、大善寺の古名である。「神功が、新羅遠征の前に、大三輪社を立て、刀、矛を奉ると、軍兵は、自然と集結した」という記事がある。また、「息長足姫尊、新羅を打たんと欲して～即ち祟る神あり。名を大三輪神という。所以にこの神の社を立てて遂に新羅を平らげたまふ」。

剣柄は、神武即位前記に「都盧耆能多伽弥《ツルギノタカミ》」。このことから、大三輪神は、神功が、大善寺の玉垂宮に祀ったことを言っているのではないか。この宮は、高良大社の行宮でもあり、神功がやってきた形跡については、先に述べたとおりである。

高良大社創建は、履中天皇四百年という説もある。年代もあいまいではあるが、履中は、ニギハヤヒ命という説もある。

『日本書紀』神代上には、

▽ニニギ命（神武の祖父）を筑紫の日向の可愛の山陵に葬りまつる。▽ウガヤフキアエズ命（神武の父）を日向の高野山の山陵に葬り奉った。▽ウガヤフキアエズ命、西州の宮に崩りましぬ。因りて、日向の吾平山山陵に葬りまつる。

▽吾田の長屋の……。▽日向国の吾田ムラの吾平津姫を妃に……。▽大山祇神の女子吾田鹿葦津姫を幸す。

（景行紀）

△日向国に至り、行宮を起てて居します。是れを高屋宮という。

神武は、畝傍山東北陵に葬られている。畝傍山は、奈良である。神武の祖先ニニギ、ウガヤフキアエズは日向の可愛、高屋山、吾平山、に山陵があることがわかる。

高屋山とは、高良山のことではないか、とユウコは思った。吾田とは、日田のことではないだろうかとも。

大山祇神は、本来、山の精霊の神格化である。日田は山に囲まれた盆地である。久米、来目、という地名もあるが、「久米」は、「熊族」のことであるという説もあり、くるめ、とも読める。

十二代の景行天皇が、宮崎の「日向」の名付けをされたと記すが、ここでは、神武以前に、すでに久留米周辺、日田あたりを日向といっていたように受け取れる。

ニニギ命は、日向に降臨されて、日向の可愛の山陵に葬られている。神武東征の始発は、日向である。

▽　筑後国神名帳にある神社

平将門の乱の直後につくられた、天慶七年（九四五）「筑後国神名帳」あるいは、「高良天慶神名帳」に地元の神社名の記載がある。平安中期の、朱雀・村上天皇の御世、高良社が最も尊崇を集めており、筑後国内には、その摂社・末社が多い。頭に「物部」という文字のつく神社が、いくつか見いだされる。

その山門郡の神社をみると、物部田中神とか、廿六の神社名があり、ユウコの謎解きの家の名字のうえに、「物部」のついた神社もある。どこを指すかは、わからないが、その名が、天慶のころ（平安中期）からあるとすれば、その家の名字のいきさつより、約六百年早く、謎解きの謎は、さらに、遡らなくてはならない。

神名帳は、それほど古いものなのか、という疑問も生じるのだが、その中には、【堤大国玉神】という古社の名がある。七支刀、筑後到来説の「こうやの宮」つまり、物部磯上神社の近くにあったという。その西に、巨石が点在する堤古墳群跡がある。現在は、何件かの民家の敷地になっているので、いまさらなのであるが、まぼろしの古代史のひとつにもなりかねない、と考えている人もある。

東方には本吉の清水寺があり、さらに、東に八女の日向神社があり、春分、秋分の日に、太陽を拝むとこれらの遺蹟が東西一直線に並ぶ。そして、延長線上には、紀伊の熊野がある、と説く人もある。

このあたり、朝日、堤、藤の尾地区にあった古文書をみた当時の村長は驚いた。いくつもの巨大な遺蹟群は、その古文書によれば、「官幣大社」が設立されるほどの内容であった。だとすれば、耕地が潰される。今ならば、観光資源とか、パワースポットなどといって、売り出すこともあったのだろうが、土地に対する村人の執着の度合いが違う。村長の苦衷の決断は、その古文書を焼き捨て平塚を神社跡地として、払下をうけ、老木も一本を残して伐採、塚も周囲の堀を埋め、という具合であった、という伝説もある。

大和国、物部氏の関与した「倭国魂神社」は、小国、小地域に多くの「国魂神」がつくられていて、古くからの村落共同体である。物部氏と耶馬台国は重なっているという説もあるのだ。このような伝説があること自体、耶馬台国かどうかはともかく、このあたりの古代の痕跡はあらかた消されているのかもしれないが、かろうじて残る痕跡が物語る知られざる歴史が出現する可能性が皆無ではないのではないか、とまだ言われているのである。

ユウコは先達っての筑後川支流の矢部川などの決壊による水害を目のあたりにすると、あったかもしれない古代の遺跡も、千数百年の間には、何回となく水害などに見舞われて流されてしまっているものも多いのでは、とも思えてくる。

一方では、そのあたりまでは、太古、海だったのだから、そういう話は、作り話だよ、という、いやな、身も蓋もない意見もあるのである。

◆伊勢大霊石神社（大石神社）

さて、久留米の高良大社は、筑後物部の本拠ともいわれている。大石町速水には、物部の先祖「ニギハヤヒ命」を祀る「伊勢大霊石神社」がある。

ＪＲ久留米駅に近いので、家々が建て込んで窮屈そうであるが、境内には、樹齢何百年という大木がある。神明造の本殿の「ご神体」は「岩」であり、「だんだん大きくなっていく」という伝説がある、という説明書きの紙が貼ってあった。

地図を広げて見るとその真北に、鳥栖の基山があり、その上（北）は大野城市の須玖岡本遺蹟が位置している。何気ない、神さびて、というより、近くの街の賑わいからみれば、寂れてみえる神社であるが、その地理上に占める位置は、ちゃんと、古代を保っているかのよう、と、ユウコは何度も瞬きしたのである。

「天の御中主神」を祀る、久留米水天宮はすぐ近くである。この水天宮は総本宮であり、もともとは、筑後川の水神を祀る宮であるという。のちの、源平合戦、壇ノ浦の戦いで、入水した安徳天皇と、生母の建礼門院、外祖母の二位の尼も祀られている。

▽ 物部経津主神をまつる神社

物部神社が、久留米の隣、佐賀県三養基郡北茂安町中津、隈、板部というところにもある。物部経津主神（武神）を祀ってあるのがこの神社ではないかといわれている。物部の郷、というのが、郡の役所の南にあるとされているが、どこをさすのか不明らしい。久留米の大石神社とは、筑後川をはさんで、真西、約四キロメートルほどのところである。

筑後川を渡ると、佐賀県になるのであるが、久留米の街の賑わいから一変、小高いなだらかな山並みがだんだん近づいてきて、いつのまにか、のどかな村中を縫う舗装道路を走っているかんじなのである。

「経津主神」さまは、静かなその小高い山すその納まりのいい場所に鎮座されていた。このニギハヤヒとフツヌシ、二つの神社は、鳥居、社殿、古木、境内におかれている参拝者用のベンチまで、ほとんど、相似形といってよい。鳥居横の桜が満開であった。

帰りは、その西側の少し傾斜している坂道を下りていくと、つきあたりに、薮や、木々に押し包まれたようにして、「弓」という美容院があって、中に人がいるのかどうかわからないような様子であったが、屋号だけは、その場所に似付かわしいようであった。

『肥前国風土記』神崎の郡によると、

〈豊御食炊屋姫（推古天皇）が、「来目の皇子」を将軍として、「新羅」を征伐させられた。そのとき皇子は、お言葉を頂いて、筑紫に来て、そこで、物部の若宮部を遣わして、社をこの村に建て、その神を鎮め祀らせられた。これによって、「物部の郷」という。〉

物部は、始祖ニギハヤヒ、神話の国譲りに関わった経津主が、筑後川を挟んでわずか一里あまりのところに並んでいる。今は県境があって、福岡県久留米市と、佐賀県三養基郡とにわかれているが、そのあたりは、筑後平野、佐賀平野、少し上がれば福岡平野である。北上すれば、小郡、鳥栖、基山、さらに北上すると、太宰府へとつながる。南下すれば、肥後との境に近い瀬高に至る。筑後川を下れば有明海である。真西に神埼、吉野ヶ里遺蹟、東のほうは、古い道をいけば、甘木、そして、朝倉である。さらにその東は日田、ずっと東進すれば、宇佐までのびる。

物部氏は、そのあたりを跋扈、平定し、『日本書紀』によれば、神武より先に大和国へ、天磐船に乗って、降臨したのだろうか。そして、「虚空見つ大和の国」を造っていた？

ニギハヤヒは、長髄彦の妹と縁組して生駒山麓にいた。長髄彦は大和の先住民のようである。ニギハヤヒを奉斎して、実権を握っていたと思われるが神武の大和入りに抵抗した。そこで、神武は、迂回して、ヤタガラスの案内で、大和入りを果たした。そのとき、ニギハヤヒは、なぜ抵抗しなかったのか。

それは、天上界の表徴である、天羽羽矢と歩《カケ》ゆき　を目にして、物部と同族、そして、より正統の血脈を受け継ぐことがわかったからであるという。神武は、はじめからニギハヤヒが天降った神であることを知っており、忠誠の功をたてたので、これを褒賞して、寵愛されたということになっている。

蝦夷という説もある長髄彦は、戦ったが、ニギハヤヒは、抵抗せずに、従った。ニギハヤヒと神武は、同族であった。としても、なぜそのような経緯となるのだろうか。

（三）古代の韓流を合わせると

◆ある韓流の説と合わせて読めば

まだ韓流が人気である。ユウコは、古代の話を韓流で謎解きするなど、思ってもみなかったのであるが、一衣帯水の隣国である。九州からみれば、四国へも、本州へも、距離の差はあれ、海を隔てている。山の多い、日本列島の内陸の往来より、海路の往来は、一面、容易かったのかもしれない。海を囲んだ海洋国家があっても不思議はないように思えてくる。

倭人がどのように生活を行なっていたのか、という情報からは、海の民でもあったことが容易に想像される。

太古の列島は、大陸と、陸続きであったという。有史時代に至っても、列島と半島の間に、今はなくなった島もあったという説もあって、現在の視点で考えるよりも、往来は容易で、頻繁に行なわれていたと考えれば、解けないナゾも、少しはほぐれてくるようにも思える。往時の船で航海する様々な呪術、技術というものが、そのころの鹿子（水夫）には備わっていたのかもしれない。

ある韓流の説によると、『日本書紀』は、神話に、大伽耶の、伊珍阿鼓王《イジナゴワン》を伊弉諾尊《イザナギノミコト》の名で登場させることによって、建国を説いている。

しかし、本当は、崇神が、耶馬台国を建て（九三～一〇二）、垂仁、景行、成務、仲哀らが、七十八年間治めた。その後、神功皇后という女王に権力を奪われ、さらにその後、百二十年間王統が断絶する。

仲哀天皇から王権を奪った女性は、神功皇后であり、この人が卑弥呼である。

卑弥呼の出自は、伽耶の始祖、金首露王の娘、妙見王女である。

神功皇后は、越国の敦賀で、仲哀天皇と結婚した。ついで、海岸線にそって南下し、下関地方に約半年とどまり、その間に、東九州を占領し、博多地方を掌握し、その後、松浦へと進んだ。

神功皇后は、その後、博多地方に、「軍使」の常駐所を設置し、さらに南進し、今日の熊本に、約五万戸の耶馬台国を創りあげ、二十九か国を統率する大王へとのしあがっていく。「魏志倭人伝」には、卑弥呼が「自ら王を名乗った」と記す。いわゆるクーデターによって、政権を掌握したということである。

一七一年仲哀天皇は、神功を、第三の后として迎え入れたが、これは、分裂しつつあった原住倭人を懐柔するためであった。つまり、神功は、仲哀と結婚する前、すでに支配していた軍団を率いて博多に上陸、熊襲征伐に参加したり、海女祭祀における神主となったり、鬼道で人を惑わすカリスマ的存在として、君臨していたので、これを抱き込む必要から取られた措置でもあった。

しかし、神功は、仲哀妃に納まっただけではなかった。夫、仲哀に新羅征伐を要請した。ところが、仲哀は、これを黙殺したので、神功は、

「神のお告げに従わないのならお腹の子がとってかわるでしょう」

と言い返して戦場から戻ってきたばかりの満身創痍の仲哀を「琴の音が、忽然として絶えたので、明かりを灯してみたら、既に死に絶えていた」（古事記）という事態になっている。『日本書紀』には、突然に体力が弱り萎え、翌日に崩御、となっている。

仲哀は、熊襲征伐で戦死した、という、小郡の神社に祀られている謂れとは、異なっている。

一八年に、熊津《ウンジン》、今の公州に都を定めた沸流百済は、西・南海岸を経て一〇〇年ごろ、すでに九州に進出し、耶馬台に、「淡路《タムロ》」を設置した。

沸流百済が設置した淡路統治期間は、約七十～八十年間。耶馬台の開祖である第十代崇神天皇を始めとして、十一代垂仁天皇、十二代景行天皇、十三代成務天皇、そして、十四代仲哀天皇を含め淡路主が、五代交替したという。

かなり発想の転換を要する説である。

『古事記』仲哀天皇条には、「この御世に、淡道の屯家を定めたまいき」とある。逆になっている。ちなみに、「屯」の字は、『広辞苑』では「タムロ」とも読む。

『三国志』魏志倭人条によると、耶馬台国は、もと男王だったが、七十～八十年前から、倭は乱れ、互いに争っていた。国々は、卑弥呼を女王に共立した。

狗奴の男王卑弥弓呼とは、不仲であった。

卑弥呼の死後、「男王」を立てようとしたが、国中がおさまらず、卑弥呼の宗女である一三歳の壱与を復立させることによって、平定した。二六六年に晋に朝貢したのを最後に、耶馬台の名前は、韓・中文献から、姿を隠してしまう。その年をもって、耶馬台の歴史は終わったことを意味するが、神后の末年が、二六九年（書紀紀年）であることからみて、滅亡年は、二六九年であるようだ。『日本書紀』の著者たちは、二四七年に死亡した神后（卑弥呼）の後、二六九年まで「復立」された壱与の存在を、消し去ろうとしたのである。なぜそのような措置をとろうとしたのか、というと、壱与の存在を明示すれば、神功即ち、卑弥呼とただちに暴露されるというのである。

なぜそのようなことをする必要があったのか。それは、耶馬台国が消滅した二六九年から、「実在したのが確実な最古の天皇」である応神（即位三九〇年）までの百二十年間の空白が生じて「万世一系」と矛盾する。

応神天皇は、神功が死亡した翌二七〇年に即位した、とする。『日本書紀』にもかかわらず、応神元年条には、「是年也、太歳庚寅」（三九〇年）と記してあり、この年は、三九〇年であるから、明らかに矛盾する。

これを正当化するために、応神一二〇年を繰り上げ、その後に、百済王歴を羅列して埋め合わせ、神功後半を創作した。この期間の日韓中文献に、倭の存在が消えてしまったのもじつは、日本列島が、無王朝の空白期であったためである、という。

一般の、日本の古代史とは、少し違うが、様々に指摘され、ささやかれた部分もある。韓流も念頭において、謎解きをしなくては、堂堂巡りの山の中に迷い込んでしまいそうである。

▽　空白期の事情

その空白期の事情も含めてどのようなことになっていたのだろうか。

韓流では、沸流王の息子と推定される阿露王が、阿羅伽耶《アラカヤ》を建国していたが、そのアラカヤの王、阿羅斯等《アテシト》が、三四六年以前、息子たちとともに来日した（列島へやってきた）。

「御間城天皇の世に、額に角が生えた人が、船一隻に乗って越国の笥飯浦《ケビノウラ》に来て留まった。それで、そこを角鹿《ツヌガ》とよぶようになった。彼に尋ねて「どこの国の人間だ」と言ったところ、答えて「意富加羅国の王である。名前は、都怒我阿羅斯等《ツヌガアラシト》、または、干斯岐阿利《ウシキアリ》叱智干岐《シチカンキ》である」と言った。

干斯岐阿利叱智干岐は、牛木有りしち、牛の角を持つ王で、「牛頭」につながる。アラシトには、他に蘇那曷叱知、という名前もある。これらの名前の意味するところは、前述のように、「牛の国」「蘇の国」であり、熊襲の国、襲国を示すもので、加羅国が、「天日矛」により、今の九州の南部地域まで、進出したことを示そうとした、暗示的名称であるともいう。

「都怒我阿羅斯等《ツヌガアラシト》」という文字について、様々な読み方や意味があるようである。漢字の読みについて、例えば、六世紀になっても、高句麗の「史読《イド》」（高句麗や新羅の漢字の使用法で、漢字の意味を無視して、「音」の表記だけ使用する）で書かれていたから、漢字で書かれた古代文献について、日本人の誤解があるともいわれている。さらに、古代文献の読み方に関しては、研究が遅れているともいわれている。考古学の進展なども相俟って、後日、さらに、目からうろこのような説があらわれないとも限らない。

ともあれ、ユウコの手にした韓流の説では、「斯等」は、曷叱知、叱知とともに、少しずつ違って表記されただけで、アラシト、の本名である。この名前には、「牛の国」という意味を持つ蘇那、干斯岐の代わりに都怒我とう頭文字がついている。「角鹿《ツヌガ》」の地名由来である。

また、新羅の最高官位「角干」である。

阿羅斯等＝阿利叱智、アラ＝アリ、朝鮮語のａｒは、朝鮮語で、穀物、あるいは卵と解し、皮殻から脱して生誕する意味があり、シチ－シトは、敬称語で　叱智　と同じ意味という。

つまり「都怒我阿羅斯等」という名は、角鹿を中心とする越国一帯に進出し、そこを開拓した安羅の『シド王』という意味になるという。

このような一連の名前は、アラシトが、アラカヤ王として、海を渡り、北九州に進出した後、次第に南下して、九州南端にあった熊襲国を征伐し、再び列島の西海岸に沿って、若狭湾にまで進出し、敦賀を拠点にして、その周辺一帯を制圧したということを言い表そうとしたものである、としている。

アラシトが制圧した領域は、安羅を本拠とした韓半島の南部地域一帯と、海を渡っては、倭の西南全域を包括するくらい広範であった。そして、この国を「意富（大）加羅国」と表記している。

垂仁紀にも頭に角がはえた人、「意富加羅国の王」についての記事があった。

『日本書紀』継体紀二三年（五二九年）四月条に、アラシトは、「任那王・己能末多干岐」

と、異名を記している。

「カンギ（干岐）」は、君主を指す韓国古語であり、マタ（末多）は、俣（マタ）とも表記される。さらに、「マタ」の前に、コノ（己能）「クン」は、「大」の意であり、「クン・マタ・カンギ」「大俣王」と表記され、「クンマダ王」ともよばれていたことがわかる。

『古事記』には、開化天皇と、丸邇《ワニ》の臣の祖、日子国意祁都の命の妹、意祁都比売の子「日子坐王」、系譜上は、この人は、崇神天皇、御真木入日子印恵命と腹違いの兄弟であるが、この日子坐王の子は、十五柱といい、山代之荏名津比売との間に同じ名の「大俣王」がいる。（『出雲国風土記』に、「出雲に「山代の郷」があり、天の下造らしし大神大穴持神の命の御子山代日子命坐す。故れ、山代という。」）

また、（この大俣王の子、「曙立王」「菟上王」は、ものが言えなかった「本牟智和気王」の出雲大神への参拝の折、随行している）

同じころ、あるいは、その後のことであるが、韓流によれば、百済の近肖古王は（三四六～三七五）、東夷の海上の強国として、領土を広げた。

倭地をはじめ、中国などの海外の領土を攻めた。耶馬台国が、神功（卑弥呼）の死後、崩壊し、分裂状態にある三六六年、王子、貴須（のちの近仇首王）を侯王として、直轄統治を始めた。

同年、倭の斯摩宿禰《シマノスクネ》が、アラシトを百済に送りだし、近仇首王と昔脱解《ソクタレ》が伽耶地域に進出して、近肖古王を支援することによって、加羅と倭と百済に統合された、という。

このような采配をする斯摩宿禰はどういう人物なのだろうか。

（いかなる氏の名の人かということは、わからないという。日本で、氏が成立するのは、五世紀末以後とする説が有力である）

『日本書紀』神功皇后摂政紀には「百済国が日本との通交を求め、使者を送るが、道に迷って卓淳国に至る。日本から卓淳国に遣わされていた、斯摩宿禰は、王からその話を聞き、百済国に慰労の使者を遣わす。百済国の近肖古王は喜び、日本へ、朝貢することを告げる」

卓淳国というのは、新羅に近接し、今の、慶尚北道大邱の古名。金海の西方の昌原とする説もある。欽明紀二年四月条に、この国の滅亡が記されている。

また、文脈からすれば、神功紀に記されており、神功が「貴国」統治をするにあたって起用した人材として、（武内宿禰、葛城襲津彦、斯摩宿禰）として、名があがっている。

卑弥呼の死後、耶馬台国は、崩壊分裂していた。そこに百済の王子、のちの近仇首王を、侯王として、近肖古王は、直轄統治をはじめ、アラシトが、百済に去った後、アラシトの統治領域も含めて、近肖古王が統治した、ということになる。

その後、二十六年間、近仇首王の次は、枕流王、辰斯王と、紆余曲折の末、アラカヤの阿莘王の時代には、アラカヤのアラシトの息子応神が、大和倭の王位につき、大和朝廷が誕生した、そう考えるのが妥当であるという。

韓流に記されている系譜の周辺事情と、『記紀』に記す物語の事情をさらに照らしあわせていくとどうなるか。

前述のように、ツヌガアラシトは、牛頭天王である。伽耶《カヤ》山を牛頭山とよんでいる。カヤに牛という意味がある。「牛頭」はソシモリ＝すめろぎ（最高の意味）。ソはソシモリ（牛頭）、京都八坂神社祭神の牛頭天皇はスサノオノミコトでもある。ということになっているのであれば、スサノオノミコトは、ツヌガアラシトである。

▽ スサノオと五十猛命

スサノオノミコトは、熊成峰におられた後、根の国に入られた。この熊成峰は、半島のクマナリをさすとされるが、出雲にも、熊成峰はある。天狗山、もとは、「天宮山」と書かれていたのではないかといわれている。また、熊野山とも呼ばれていたらしい。山頂近くには、神が降臨された磐座《イワクラ》（巨大な岩）がいくつかみられ、「元宮ケ平《ゲングウガナリ》」とも呼ばれている。

『日本書紀』一書によれば、「スサノオは、その子、五十猛神を率いて、新羅国に天下り、ソシモリというところにおられた。はじめ五十猛が天降るときに、持参した樹の種は韓地には植えず、すべて故国、筑紫から始めて、大八洲全体に植えて、ことごとく青山にされた」。

スサノオは、

「韓郷《カラクニ》の島には、金銀がある。もし我が子の治める日本に、船がないとすれば、これは良くないことだ」

と言われて、あごひげ、ほおひげを抜いてちらされると、これは杉になった。また胸の毛を抜いて散らされると、これは、桧になった。尻の毛は、マキになった。眉の毛は、クスノキになった。こういう次第で、それぞれの用途を定められて、そうして予祝して、「杉とクスノキこの二つの樹は船にするがよい。桧は立派な宮殿の材木にするがよい。マキは、現世の人民の墓所の棺にする材料とするがよい。それに、食料とすべきたくさんの木の実の種は、みな十分撒いて植えた」とおおせられた。

このスサノオの御子を名づけて、五十猛命と申す。その妹は、大屋津姫命。次に柧津姫命。この三柱の神もよく木の種を分けて撒かれた。そこで、この三神を、紀伊の国にお渡し申しあげた。

五十猛は、紀伊国の、木の守護神となっている。

しかし、木の種は最初、筑紫から撒いている。紀伊を「木国」ともいう。五十猛命は、「木国大屋毘古神」でもある。

出雲の熊野と、紀伊の熊野との関わりは、『日本書紀』の、このくだりからすれば、スサノオは出雲、その御子三柱は紀伊、という関係になっている。貴国＝木国であれば筑紫である。

この天狗山（熊野山）に、いつから神が祀られていたかは、明らかでない。その神を麓に迎えて、お祀りしたのが、熊野大社である。斉明天皇が、六五九年、出雲国造に命じて厳の神の宮を建てさせたのが、始まりではないかといわれている。

『記紀』にはないが、『出雲国風土記』によると、クマノノオオカミ（熊野大神）は、イザナギの愛しい子であるクマノカムロノミコト（熊野加武呂乃命）と書かれている。つまり、イザナギの御子、スサノオノミコトの別名ということになっている。また、『延喜式』に収められている「出雲国造神賀詞」には、「イザナギの愛しい子である神聖なクマノオオカミクシミケノミコト（熊野大神櫛御気野命）とある。ミケ、とは食物のことである。食物の生産を見守られる神としても祀られていたのである。

紀伊国の熊野に、修験者や、都の貴族が訪れて、熊野信仰が生まれた。この信仰の中心は、熊野本宮大社、熊野速玉大社、熊野那智大社のいわゆる「熊野三山」で、十一〜十二世紀には、「蟻の熊野詣」といわれるほどの賑わいをみせたといわれる。

紀伊国の熊野と、出雲国の熊野では、どちらが本元か、という問題であるが、一書に、このように、親子の関係とわかる記事があった。

よく言われているように、「炭焼き云々……」という伝承も、であるが、明らかに出雲の熊野が本元のように受けとれる話である。

出雲の熊野大社は、『延喜式』では、「熊野坐神社」と記されている。紀伊国にも今の熊野本宮が、「熊野坐神社」として記されている。スサノオの御子の五十猛命、を祀る神社は、『延喜式』によると、出雲国には、いくつもあるが、紀伊国にもある。紀伊の熊野がその後、脚光をあびてゆく、ということになるのである。

出雲の熊野大社には、熊野銅鐸とよばれる銅鐸が伝えられているが、日本最古の様式の銅鐸ともいわれている。

銅鐸は、物部王国のシンボルではなかったか？

朝鮮半島にも「熊津《クマナリ》」とよむ地名がある。

朝鮮半島の百済は、高句麗に侵攻されて、久麻那利《クマナリ》（熊津）に遷都したのは、五三八年のことである。任那にも熊川《クマナリ》（古代朝鮮語では、ナリは、川や津の意味）がある。

▽ 玉垣の内つ国

一書によると、スサノオの子孫である大国主神は、大物主神、または、国作大己貴神、葦原醜男、八千矛神、大国玉神、顕国玉神など、いくつかの名前があって、その子は、一八一神であった、とある。

『古事記』では、少彦名は神産巣日神《カミムスビノ》の子とされ「大己貴神と、少彦名命と力を合わせ心を一にして、天下を経営し、すべての民がその恩恵に浴することができた。そして、少彦名命は、常世郷へ行かれた後は、大己貴神ひとりで、まだ国造りの完成していないところを経巡って造られ、ついに、出雲の国に着かれた。そこで宣言して、「いったい葦原中国は、もとより荒れた国であり、磐石や草木に至るまで、すべて狂暴であった。しかし私はくどき伏せて服従しないものはなくなった」と言われた。

そして、「今この国を平定したのは、この私ただ一人である。私と一緒に天下を治めるものは、思うに、いるだろうか」と仰せられた。その時、神々しい光が海を照らし、忽然と浮かんで来る者があった。そして、「もし、私がいなければ、あなたは、どうしてうまくこの国を平定できたであろうか。私がいたからこそ、あなたは、国を平定するという偉大な功績を立てることができたのだ」といわれた。そこで、大己貴神は問うて、「ならば、あなたは、いったい誰だ」と仰せられた。答えて、「私は、あなたの幸魂・奇魂である」と言われた。大己貴神は「確かにそのとおりだ。あなたは、私の幸魂・奇魂であることがすぐにわかった。今どこに住みたいと思うか」と仰せられた。答えて、「私は、日本国の三諸山に住みたいと思う」と言われた。そこで、その神の宮殿を三諸山に造営し、そこに住まわせた。これが、大三輪の神である」。

大己貴神は、この国のことを、「玉垣の内つ国」（玉のように美しい垣に囲まれた内の国）と言われた。

スサノオは、アマテラスと対照的な神として描かれているが、「玉垣の内つ国」をつくった祖神であろう。想像以上にその国造りは、成功していたかもしれない。列島の原初の民の心象風景に焼き付けられた神だったのではないか。

その証拠に、という訳ではないが、スサノオ、つまり習合して、牛頭天王を祀る神社は、今も、健在である。神社は、古きものを祀ってあるのだから、当たり前の話ではあるが、その祭りの隆盛ぶりは、神様なしのイベントとは明らかに違っている。

京都の祇園祭の本当の主人公は、牛頭天王といわれている。

牛頭天王や、八王子神を祀る神社は、八坂神社をはじめとして、各地の天王社など、地元民の支持、氏子によって継承されて、盛大なお祭りが繰り広げられている。全国に摂社や末社も数多い。スサノオを祭神とする神社は、境内社なども含めれば、一三五四二社に達するという報告もある。垂迹の足取りをたどっていけば、どの範囲が、「玉垣の内つ国」であったかが、推測できるかもしれない。

スサノオは、天照大神にさからった乱暴者で、根の国に追放されたならず者のように、『記紀』には記されている。それでもなお、それほど盛大に祭られる。

国譲りをした大国主は、スサノオの子孫ということになっている。天孫の系統への国譲りは、正当なものだったと思わせせなければならない。スサノオは、イメージこわしが必要だったほどに、実は、輝ける神であったのかもしれないと、考える人もいるのである。

千数百年の間の、数多くの政変、宗教改革を掻い潜って、二十一世紀のこの世になお、残されて、祀られている。

つまり、祀られている牛頭天王、これが、百済の沸流王の息子、と推定される阿露王が立てた阿羅伽耶のアラシトであるということになってくるのである。

アラシトは、任那王である、という説もあるが、同じようなことで、いずれも祖先は、沸流王に繋がっている。

▽直接統治をしたという王

そして、また、韓流によれば、同時進行であったという可能性もあるのだが、倭の斯摩宿禰という人の仲介によって、アラシトは帰国した。入れ代わりに、加羅の、近肖古王が、子の近仇首王を列島に派遣して、直接統治を始めた。

直接統治というのは、「淡路」を設置したのである。淡路とは、あわじ島のことかと思うとそうではないらしい。

「淡路」＝「檐櫓《タムロ》」は、王室の子弟宗親を任命して、王権勢力の強化を図った沸流百済の地方組織で、『梁書』百済伝には、百家済海の百済が、二十二個の檐櫓に王権を任命したという記録があるそうである。

檐櫓主の官命は、面中王、耶馬台王、八中侯、弗侯など、地名十王または、地名十侯の形式がとられた。

耶馬台国が、檐櫓だなどと、聞いたことがない。が、その説くところによれば、崇神から五代七十～八十年間の統治である。そして、百二十年間、断絶期の終わりごろ、応神が位に上る三十年ほど前に、アラシトの帰国と入れ代わりに、近仇首王が、侯王として、列島に赴任したことになるようなのである。

近仇首王の父、近肖古王が、「ニギハヤヒ」という。ニギハヤヒは石上系、物部の祖といわれている。

『日本書紀』神代下、によると、皇孫、ニニギ尊を葦原中国に降臨させる前に、邪鬼を平定させようとして天穂日命を派遣するが、この神は、大己貴神に従い平定は失敗する。次の使者、天雅彦も下界の下照姫と結婚して報告せず、天上界からの催促の使者、無名雉を下賜の弓矢で射殺してしまう。高皇産霊尊はその矢を投げ返し、天雅彦は、その返し矢で死ぬ。

その後、いくつかの経緯があって後、高皇産霊尊はさらに神々を召集して、葦原中国に使わすべき者を選定された。結果、物部経津主神に、武甕槌神を副えて、葦原中国の平定にお遣わしになった。（経津主神と、武甕槌神は、出雲国の五十狭《イササ》の小汀《オバマ》に下ってきて、十握《トツカ》の剣を抜き、逆さまに大地に突き立て、その剣の切先に胡坐《アグラ》をかいて座り、大己貴神に「国譲り」を迫った。大己貴神は、子の事代主神が同意したのであれば、国譲りをしましょう、今私がお譲りするならば、誰一人として、従わない者はないでしょう、と言った。そして、かつて、この国を平定した時に杖としていた【広矛】を二柱の神に授けて「私はこの広矛でもって、国の平定という功を成し遂げました。天孫がもしこの矛を用いて国を治められたならば、必ず天下は、平安になるでしょう。今から私は百足《モモタ》らずで、八《ヤ》十隈《ソクマ》に隠れましょう」と言い終わって、とうとう隠れてしまわれた。二柱の神は、帰順しない諸々の邪神たちを誅罰して、ついに、復命した。）

これらの話は、韓流でいう、アラシトと近肖古王の交代（檐櫓設置）にまつわる話と透明なエアバッグを挟んで重なっているようにみえてくる。

韓流では、単に、斯摩宿禰の仲介で交代した話になっていて、近肖古王が、子息の侯王、近仇首王を派遣して直接統治をし、五代に亘ったというのだ。

つまり、檐櫓であるから、『日本書紀』の話の「平定」に、漸次派遣された天穂日命や、天雅彦等の神がうまく命令を果たすことができない、というくだりは、檐櫓の統治のようすを、そのように物語っているところなのだろう、と想像する。

『古事記』の仲哀天皇条に、「淡州に屯家を定めた」とある。

これは、仲哀天皇までの五代にわたって、檐櫓が設置された。というのが、韓流で、「淡州」とは、「淡路」の別称であるが、屯家は朝廷の直轄領のことである。

「屯」は「タムロ」とも読むのが面白い。日本語の意味での「淡路」が国造りの物語に登場する、重要な地名だったのかどうか。『記紀』いずれにも、大八洲（日本列島）の誕生の順序のはじまりあたりが「淡路島」となっている。そのことに、なにか、意味があったようにみえてくる。

韓流が説く説も、かなりの説得力、信憑性があるようにも思われる。

▽ 広矛を授けられて平定

このことについて、イザナギと、イザナミ、陰陽の神が天の浮橋に立たれて、その矛を差しおろして、青海原を掻き混ぜて引き上げた時に、その、矛からしたたり落ちた潮が凝り固まって島となった。オノゴロ島ができたのである。

そして、「アナニアヤ、可愛少男を」「〃、可愛少女を」といい出会って、夫婦となり、まず「蛭子《ヒルコ》」を生んだ。これはすぐに葦《アシ》の船に乗せて流し捨てた。次に淡州を生んだ。これもまた、子の数には入れない。

『日本書紀』のこのくだりも、寓意に富んでいるように思われる。

イザナギ、イザナミが、広矛で、国土を形成するのだが、最初にできたのは、出来損ない、三歳になっても足がたたない蛭子で、葦の船に乗せて捨てられた。これは、アラシト等がつくった、じつは、「玉垣の内つ国」で、神話では、国譲りで、譲った。「蛭子」のようなものなので、「捨てられた」のである。

しかし、アラシトの制圧した領域は、安羅を本拠とした朝鮮半島地域一帯と、海を渡っては、倭の西南部全域を包括するくらい広範であった。この国を「意富加羅国＝大加羅国」としている。(『日本書紀』垂仁記)

アラシト＝スサノオとすれば、やはり、スサノオの作ったクニは、日本海を擁する海洋国、の趣があるようである。

アラシトは「大俣王」とも記すが、この大俣の漢字も意味ありげ、で探っていくと、「分国を任された王」のようなニュアンスがあるようにユウコには思われる。

次に「淡州」を生んだが、これも子の数に入れない。

このことについてであるが、淡州とは、近肖古王の「檐櫓」つまり「淡路」檐櫓、とは、「王室の子弟宗親を任命して、王権の強化を図った沸流百済の地方組織で、『梁書』百済伝には、百家済海の百済が、二十二個の檐櫓に王権を任命したという記録がある」というのである。

従って「淡路」は一人前ではない国、「胞」として、生んだ。いわば、生み損ない、というより、胞というのは、胎児を包んだ膜と胎盤のこと、である。

譬えれば、大八洲が生まれ出る前、人でいえば、お腹の中で、胎児が育つ時に包まれた膜と、栄養、吸収、排泄などの機能を媒介する器官が「胞」であり、母体と胎児の血液は、ここで接触し、物質交換を行なうことにより、胎児は成長して、母の胎内にいなくても十分、生きられるような状態になって、生まれ出てくるのである。

「胞」をそのようにとらえるならば、のちのニホンコクが胎内で成長していくような過程を包みこんだのが、淡州だから、後産なのだから、当然のことながら、子の数には入らない。

そういう意味での「胞」の働きをしたのが、「淡路《タムロ》」なのである。

クニ生みもそれに譬えられているように見えてくる。大八洲が、ひとつのクニとして、この世に現われる前の成長を支えていた器官のような役割を果したモノにすぎないけれども、それがなかったならば、この世に出現しないのである。

天孫、ニニギ尊は、母体の胞衣を意味する【真床追衾《マコトオウフスマ》】にくるまれて日向の襲の高千穂に降臨されている。

そこで、淡路島は、大八洲の筆頭にあげられている、という、不思議な記録が示されるということになっているのだろう。

「淡路」は、吾恥《アワジ》、恥をかく、「淡む」（疎んじる、軽んじるの意味）という。〔漢字源〕。当て字も、当意即妙のような、しかし、史読《イド》であるかもしれない、と思いたい字である。視点を変えれば、やはり国産みの大事な島なのである。

一書に伝えていう、

可美葦牙彦舅尊《ウマシアシカビヒコジノミコト》のウマシ、

「アナニアヤ、可愛少男《エヲトコ》を」「〃可愛少女《エヲトメ》を」といって、クニ生みをした。

可美真手命《ウマシマデ》は、ニギハヤヒ命の子である。

ウマシは、生まれてくる生命をあらわしている。あるいは、感嘆符でもあるという。可愛＝可美＝ウマシ、とすれば、ウマシマジの名前の「ウマシ」になる。

誰から生まれてくるのか、といえば、ウマシマジは物部の祖であるニギハヤヒの子であり、韓流に当てはめれば、近肖古王の子となる。「ウマシ」という語句が共通している。なにか、暗示されているかのようにみえる。

百済の近肖古王（ニギハヤヒ）が、子のウマシマジ、つまり近仇首王を列島に派遣して、分国統治しよう、軍事基地にしよう、あるいは、国造りをしよう、としたのである。

第二次世界大戦前まで、日本は、朝鮮半島を統治した歴史があったのである。それ以前も「蕃国」（蛮国）とよんだ歴史がある。

韓流は、古代において、韓半島のクニの櫓櫓、分国が、列島の一部にあった時期がある、といっているのである。

人類学的視点からみると、ＡＤ七百年当時、韓半島を経由したアジア大陸人が日本にも渡来したが、当時の移住者（渡来人）と、日本原住民との割合は八十～九十％対十～二十％くらいで、移住者は圧倒的に多かったという説がある。

倭人といわれる濊族、貊族は韓半島にもいたが日本人にもなっているといわれている。

物部経津主神と、武甕槌神が、出雲の五十狭の小汀に降ってきて、十握の剣を抜き逆さまに大地に突き立ててその剣の切先に胡坐をかいて坐り、大己貴神に言う。「高皇産霊尊は、皇孫を降らせ、この国に君臨させようと思っておられる。そこで、まず我々二神を遣わされ邪神を払い、平定させようとしておられる。あなたの考えはどうか。国を譲るか」と言われた。すると、大己貴神は答えた。「私の子に尋ね、その後にご返事いたしましょう」

　この時、子の事代主神は、出雲国の三穂のさきに遊びに出て、魚釣を楽しんでいた。そこで、熊野の諸手船《モロテブネ》に、使者の稲背脛《イアセハギ》を乗せて遣わし、高皇産霊の勅を事代主神に伝達し、またその返事を尋ねさせた。その時、事代主神は、使者に、「天つ神のご下問の勅ならば、わが父はお譲り申しあげるでしょう。私もそれと異なることはありません」と言った。使者は、そういう次第であることを、報告した。そこで大己貴は、二柱の神に、「私の頼みにしていた子も、すでに国をお譲り申し上げました。それで私もお譲りいたしましょう。私がお譲りするならば、誰ひとりとして、従わない者はいないでしょう」と申しあげた。そして、大己貴は、かつて、この国を平定した時に杖としていた【広矛】を二柱の神にお授けして、「私は、この（矛）でもって、国の平定という功を成し遂げました。天孫がもしこの（矛）を用いて国を治めるならば、必ず天下は平安になるでしょう。今から私は、百足《モモタ》らず、八十隈《ヤソクマ》に隠れましょう」と仰せられた。言い終わって、とうとう、隠れてしまわれた。

　そのような次第で、国譲りが行なわれた後、高皇産霊尊は、真床追衾で、皇孫天津彦火瓊杵尊を覆って降臨させられた）

『日本書紀』には、このように記されている。

物部の国土経営に至るまでには、まず、アラシトの〝国造り〟があった。あるいは、同時進行で遂行されたので、やりなおしなのである。そのあたりの事情を男女陰陽の神の、広矛を用いた、〝国生み〟の話に見立てているように想像される。

中国雲南省の苗族は、「豊穣の柱」（天の御柱、山上にたてた柱の）周囲を男女が廻り舞い、性的な歌を歌う習俗があるという。東日本の小正月の日に夫婦がいろりの周囲を廻る習俗など、今でも例が多い。

古代においては、男女の関係も大らかであったと思われる。が、男が左旋し女が右旋してはじめてことが成った。どちらでもよさそうなのだが、そうはいかない。「天は左旋し、地は右旋す」「北斗の神に雌雄あり、雄は左行し、雌は右行す」と、淮南《エナン》子《シ》などの漢籍にある。男尊女卑、左高右低という、中国の古代思想が、『記紀』が書かれたころには、日本に導入されていたものと、思われる話である。

イザナギ・イザナミが、天の矛で海中を探り、その滴から国が生まれる。国生みに使われたという「天の逆矛《サカホコ》」は、本来ならば、鏡・剣・玉、という三種の神器に匹敵する（あるいはそれ以上の）神器、ともいえるという意見もあるようである。

ところが、ヤマトタケルに与えられた「八尋の矛」や、「八千矛《ヤチホコ》の神」といわれたオオクニヌシ、さらに、「天之《アメノ》日《ヒ》矛《ホコ》（天日鉾）」の神など、矛にかかわるものは、記紀神話のなかで、微妙な役まわりにされているフシがある。

京の祇園祭の山鉾巡行の長刀鉾は、三条小鍛冶宗近《サンジョウコカジムネチカ》という刀鍛冶で、代々、誂えられたという、いわば、刀のブランド品なのであるが、この鉾を扱う稚児に官位が与えられて、長刀鉾を振り下ろすという、祭りのハイライトともいえる場面がある。

祭りの主役、牛頭天王といい、長刀鉾といい、なにか、『記紀』の物語の裏側にピッタリとハリ付けられるような物語が少なからずあるような気配がする。

▽　ニギハヤヒを祀る神社

久留米の大石町に、ニギハヤヒを祀る神社があることは、前述した。ＪＲ久留米の近くの道路から、少し西へ、小道を行くと、右手に南向きの石の鳥居がある。そこをくぐって、社殿の方に向かうと、周辺より、少々高台に鎮座していることがわかるのである。

家々が、境内に迫っているところもあって、普通の広場ならば、すぐに建物がたてこみそうな危うさもありそうな、もしかしたら、忘れられていそうな空間にも見えるのであるが、仲秋の名月の夕には、「大綱引き」の行事が行なわれて、しばし賑わうのである。

物部経津主神を祀った神社が、三養基郡北茂安町にあった。（前述）

このふたつの神社は、筑後川を挟んで東西四キロほどしか離れていない。

神話の神武の東征の折には、物部氏とは姻戚でもある長髄彦の抵抗をうけたが、天のハハヤ、カチユキ、という表徴をみて、物部と同族、そして、より正統の血脈を受け継ぐと思われる神武に従った。神武と崇神のおくり名は、おなじ、「ハツクニシラス」（漢字は異なるが）である。同一とみてよい、という説が多い。

出雲の国譲りの話は、このいわば、禅譲に至る芯の部分、つまり、表現された理由に隠された意味も、加わった話であると思われる。

『古事記』では、神武より後にやってきたようになっている。

神話の系譜によると、崇神は、開化の四男一女の中の一人で、母は、庶母の伊迦賀色杵《イカガシコ》売《メ》命である。母方の叔父は、伊香色雄《イカガシコオ》、つまり、物部氏である大綜麻杵の娘となっている。

后は、開化の兄、大彦命の娘との間の子が、垂仁であり、垂仁の母の兄弟は、筑紫造の祖、という。

崇神と腹違いの兄弟に、「日子坐王」、母は、丸邇の臣の祖、日子国意祁都命の妹である。

日子坐王の子に、「大俣王」という名がある。これは、ツヌガアラシト（応神の父）と、同名である。また、開化の孫、崇神の甥にあたっているが、神話の系譜でみると、武内宿禰にもあたる。


武内宿禰は、敦賀の気比の大神を崇敬している。

朝鮮半島からの渡来神（人）であることが明らかなツヌガアラシト（都怒我阿羅斯等）（都怒我＝敦賀）は、角の生えた人物であるという伝承がある（『日本書紀』垂仁紀）元、意富加羅（大伽羅）の王子であった。

名のとおり、敦賀に上陸した、次のような物語がある。この王子は、身分にかかわらず、勤勉に農事に励んでいた。

ある日黄牛に農具をのせて田舎に行ったが、途中で、牛が見えなくなった。そこで出会った老人に教えられて、牛の足跡をたどると、郡公の家で、それが消えていた。郡公（村役人）が牛を捕らえ、食べてしまっていたことがわかった。老人に教示されていたとおり、ツヌガアラシトは、郡公に代償を求めて、村の社に祀っていた白い石を要求した。その白い石を閨に入れると、若い美しい女性に変わったが、交わりを迫ると姿を消してしまった。東の方へ向かったというので、それを追ってツヌガアラシトは、日本の敦賀までやってきて、「角鹿」敦賀の神となったというものである。気比神社の前身としての敦賀神社の祭神である。応神が、敦賀神社の祭神と名を交換して、気比神社となったという。

応神紀にある話も、同じようなものである。

新羅の阿具沼という沼のほとりで昼寝をしていた女性が、日光にあたって、赤い玉を産んだ。男がそれを見ていて、その赤い玉を手に入れ、大切にしていた。ある日牛に食べ物をつんで、道を行くと、天之日矛（ツヌガアラシトと同一神といわれる・新羅の王子ともいう）と出会い、牛を殺して食べようとしていると誤解され、怒りにあう。男は、赤い玉を天之日矛に差し出し許してもらう。赤い玉は、女性に変わり、日本に渡って、比売語曽神社の祭神・阿加留姫となった。

「豊比咩」ともいうらしい。また、「息長氏の女性が、朝鮮から帰って九州で、王子を産んだ」という根強い伝承があるといわれていて、つまり、神功のことを指すようでもある。

オキナガタラシ姫命の系譜は、父方が、開化天皇の子、日子坐王から五代目、母方は、天日矛より、六代目、となっている。

これらの話は、殺牛、食牛が、問題の核心となっているところまで同じである。

日光にあたって、石（こどもを産む）という話は、高句麗の始祖・朱蒙誕生の神話のパターンと同じである。

ここで出てくる牛は、殺されて、食べられてしまう、というのは、殺牛儀式の犠牲となったと考えることができる。朝鮮に殺牛儀礼というものがあったことを、神話の中で、示しているといわれる。ツヌガアラシト＝天日矛が殺牛儀式に関係する神のようである。

気比神社は、朝鮮から、殺牛儀礼を持ちこんだ渡来人の一族の祀った神の社として、創建されたのだろう。

ツヌガアラシトは、別名、「于斯岐阿利叱智干岐《ウシキアリシチカンキ》」。前にも記すように、ウシ「牛」に関わり深い名前なのである。

このようなことを考えあわせると、牛頭天王の牛頭は、漢神＝韓神を祀るためのひとつのシンボルでもあった、ということもできる。

ツヌガアラシトは、気比神社の祭神となっている。武内宿禰は、気比神社を崇敬している。気比の神をめぐる事項でも共通点がある。この二人は、同一人物のように重なってきそうなところもある。

とすれば、これまでのナゾが、少し解けてくる。

ツヌガアラシトが応神の父であれば、実は、仲哀ではなくて、武内宿禰が、応神の父ということになる。あの絵解き、まで行なわれた有名な神功の三韓征伐の絵は、武内宿禰が、赤子の応神を抱いているが、それは、実の父子関係ということになってくる。父、宿禰、あるいは、ツヌガアラシトが、応神を推戴する前準備の役まわりをしているようである。

武内宿禰は、近肖古王の孫、近仇首王の長子で、温祚系、と、説くものもあり、百済王家、汾西王の弟で、古爾王の弟の優寿が、崇神とする系譜と同じく沸流系、と説くものもある。

応神は、「契《セツ》王」という三韓の王でもあった。三韓王を退位して、渡来、応神になったという説もある。

「摂津」とは、「契王」からとった地名であるそうだが、鳥栖のあたりに、「契山」という地名もある。

▽　侯王と七支刀

前述の近肖古王は、王子（近仇首王）を「侯王」として、直轄統治を行なった。

近肖古王は、ニギハヤヒならば、物部の始祖である。

「侯王」とは、諸王、諸侯を含めてより広義の用法がある。『漢書』には、帝の弟や子や孫は侯王と呼ばれ、諸侯王表にのせられており、金石文中にも夥しく「侯王」は出現するというのだ。

ここで、意外な事実となってくる事項がある。有名な国宝、「七支刀」に刻まれている銘文、「供供侯王」の「侯王」である。この侯王は誰だろうか。

『古事記』に「百済の国主照古王、牡馬壱疋　雌馬壱疋を以て阿知吉師《アチキシ》に付けて貢りき。亦、横刀《タチ》と大鏡とを貢上《タテマツ》りき」

『日本書紀』の神功五二年の七支刀の記事にある七支刀とは、異なるという説もあるが、時は、ほぼ同じ時と考えられる。

ならば、近肖古王の王子が、近仇首王。「侯王」として、倭国を統治させていたのだろうか。

七支刀の剣身の棟には、表裏合わせて六十余字の銘文が、金象嵌で表されていた。明治になって、所蔵する石上神宮の神官により発見されたのだ。

その後、様々に、解読が行なわれて、現在、大体次のように表されている。（石上神宮

の冊子による)

(表面)

泰□四年□月十六日丙午正陽造百練釦七支　刀□辟百兵供供侯王□□□□作

(裏面)

先世以来未有此刀百済□世□奇生聖音故為　倭王旨造□□□世

泰□の二文字を東晋の年号「太和」(西暦三六六〜三七一)の音の仮借とみる説があり、それによると、この刀は、西暦三六九年に製作された、と考えられる。(このことについても、まだ様々な議論があるようであるが)

この七支刀は、『日本書紀』に、神功五二年に、百済から献上されたとみえる「七支刀」にあたると推測されており、これらの推定に誤りがなければ、七支刀の銘文は、『日本書紀』の紀年を訂正し、その伝承を裏づけることになるという。しかも、この銘文は、わが国古代史上の絶対年代を明確にする最古の史料といわれている。

この刀の銘文の「読みかた」には、様々な説があるようだが、「伝来の経過」を想像して読んでみると、ユウコには、次のように受け取れる。

(表面)

この刀をつくるにふさわしい日に、(前記、具体的な日付け・は丙午《ヒノエウマ》、正陽・五行説による)幾度にも練って純度を高めた金玉で飾った七支刀を造り、百兵を(多くの兵を)平伏させるに役立てるよう、侯王に差し上げる。

□□□□

(裏面)

先の世以来このような刀は百済にまだ例がない。奇襲なのか、正面攻撃なのか、(目的を達するために臨機応変の処置をとるのか、正道に適ったやり方で行なうのか)というような天子の意向、知らせというものが、倭王にことさらによくなされる目的で造る。

このように解釈して、その送付の経過を考えてみれば、「近肖古王」が倭にいた「侯王」である「近仇首王」に送ったものであると、推測できる。

つまり、この七支刀の役割は、帝王の礼服、あの袞冕《コンメン》十二章に描かれていた【斧鉞(オノとマサカリ)「フエツ」の意味するところ、そのものではないか!】

そして、この刀は、『記紀』が編纂されるころまでは、まだ石上神宮にはなかった。

「九州物部を合祀したときにでも社伝の宝物として移行したものだろうともいう。『日本後紀』延暦二四年(八〇五)二月に、石上神宮に関連して、「大神の宮に収めたる器杖を京都《ミヤコ》遠くなりぬるによりて近処に治めしむとしてなも去年此に運収有る」という記事があって、この「大神の宮」が、瀬高太神の磯上物部神社で、「京都遠くなりぬる」が、平安遷都（七九四）を指すのであれば、七支刀は、このとき、筑後の瀬高から天理の石神神宮に移されたのだろう」という説もある。

石上神宮には、「布都御魂」（武甕槌神が平定した太刀・当初、吉備で保管されていて、六世紀ごろに奉納されたといわれているが）

石上の神宝には、天日矛が持参したという、「熊の神籬《ヒモロギ》一具などの神宝も奉納されているという。熊の神籬、というのは何か、意味不明であるというが、熊は、王統の名、神籬は神のよりしろ、というような意味にとれば、天日矛の属する神あるいは、王統の神籬、それが、石上に収納された、ということになる。物部氏の神宝と天日矛の神宝は類似している。ニギハヤヒは、神武とそっくりの神宝を持っていた。つまり、同一系統のものなのだろう。

朝廷の武器庫としての役割も果たしていた石上の神宝は、桓武天皇の平安遷都とともに、京都《キョウト》に移されたが、また、元の石上に戻されたという経緯がある。

このようなことから考えれば、今の姿からは、想像しにくいのであるが、七支刀の送り先の今の住所は、現在のみやま市（旧山門郡）瀬高町太神の「こうやの宮」、別名、高良大社の別宮、つまり「磯上物部神社」ということになる。

奈良の「石上神宮」は、「いそのかみ」と同じ読みをすることも何か意味ありげである。ここに、一時でも、物部の本拠があったことを想像するのも、見当外れではない、ということになる。

しかし　気掛かりなこともあるのだ。

この有明海沿岸地方は、干潟の海で、干拓地が多い。こうやの宮も、鷹尾神社も、もしかしたら、そうはいっても、海の底だったのでは、という疑念もある。

「太古、旧柳川領の三潴郡は蒼海たりしこと疑いなきが如し」と藩誌にあるのは、どのあたりまでだったことをいうのだろうか。

◆有明海沿岸のナゾ

ここに寛保年間旧柳川藩領地図、というものがある（一七四一～一七四四）。こうやの宮も鷹尾神社もかろうじて、海岸線近くにある。

川幅も広くて、こうやの宮と鷹尾神社は、矢部川を挟んで対面していたのかもしれない。弥生時代の海岸線として、一般にいわれている地点とそう変わらないようである。

こうやの宮は、『旧柳川藩志』によれば、「瀬高町分村社として、「長島の太神宮」として、面積一八三坪、神社帳に社地三畝、明治四〇年本県告示により神饌幣帛料を下賜せらる」とある。

近世に至っても、みかけによらない由緒がやはりあるにはあるようなのである。

現在の地図ではこうやの宮の南の方は、「河内」、のちの時代に干拓があって、その地を古代のヤマトの地名にある「河内」と命名、付会したのだろう、と思わせられる。このあたりには、『記紀』におなじみの地名も、わざわざしらべるわけではないけれども、あちこちに、「アラッ」と気づかされることがある。

寛永の絵地図には、有明海沿岸に、今はない長洲・大洲・荒洲・高洲・西洲・横洲・鯨洲・狭洲・強盗洲が、図示されている。

沖合いには、不知火がさやけく海、である。

ユウコは『古事記』の中の一節、「〜くらげなすただよえる時に〜」というのは、干潟の海に、海水が満ちてくると、これらの砂洲がところどころに、水面に現れ、ちょうど、クラゲが浮かんでいるようにみえる、その情景を言っているのではないか、とふと思った。

そして、「蛍火のように妖しく光る神、蝿声なす邪神とあり。また、草木威能言語有り」

蛍火のように妖しく光る神というのは、有明海の不知火の記憶ではなかったか。

草木よくもの言う、とは、有明海沿岸地方の水辺には、葦《アシ》（地元では「よし」という）がよく茂り、風にゆれて、ざわざわとざわめく音の、静かならざる、を言ったのではなかったのだろうか。蝿声なす邪神とは、そのあたりに、うるさく意見をいう小国（クニ）がたくさんあったのだ。

可美《ウマシ》葦牙《アシカビ》彦舅《ヒコジノ》尊という神が『日本書紀』にあらわれるが、葦の芽が、生命力たくましくのびていく様を見立てているのかもしれない。ウマシ＝可美＝可愛＝ウマシマジのように思える。

五世紀前半を境に、倭・韓の交渉窓口が、加羅から、全羅南道地域に変化しているという。それに対応するかのように、倭国側も、対韓交渉の中心的担い手が、それまでの玄海灘沿岸地域の勢力から、有明海沿岸地域勢力に、変化したらしい。本来、玄海灘沿岸、加羅ルートの海上交通の安全を祈るものであった沖の島の神に対する祭祀に、有明海沿岸の水沼の君がかかわるようになったのも、対韓交渉の担い手が、玄海灘沿岸から、有明海沿岸に替わった歴史的事実を示すものという。これは、新羅の加羅への進出、百済と倭国との親密化やそれらに対する加羅や全羅南道勢力の対応と関連しているようである。

『記紀』の編纂は、八世紀、百済の亡命貴族もかかわっているといわれている。編纂時には、より記憶の新しい、有明海沿岸の様子が、取り込まれ描かれたのかもしれない。

▽ 豊葦原瑞穂国は

高千穂の峰は、九州宮崎にある。天孫降臨の地である。『古事記』では、天孫が降臨したところは、「此処は韓国に向かひ笠さの御前に真木通りて、朝日の直射し国、夕日の日照る、いと吉き地」である。また、アマテラスが天孫に約束した〝豊葦原の瑞穂の国〟、いずれも広々とした土地を連想させるもので、山岳地帯ではなく平野である。

ニニギはなぜそのような山岳地帯を選んだのか。それは、九州北部にあった耶馬台国が、狗奴国に敗れた後、仕方なく山を越えたからである。追われた者たちが、高千穂に割拠したと考えるのが、妥当ではないか。彼らは、平野部を目ざし、瀬戸内から畿内に進出せざるをえなかった。

彼らは、奈良でヤマト（耶馬台）を大和の名で復興させた。畿内で力を蓄えた伽耶勢力、すなわち崇神系は、何度も九州の狗奴に報復を試みる。その記憶が、景行天皇、あるいは、ヤマトタケルの九州征伐の物語となっているのだろう。実際、畿内の勢力にとって、九州を自分の勢力圏に繰り込むことは、切実な望みだった。

西征の目的は、単なる報復だけでなく、耶馬台が九州にあった時代、円滑であった伽耶からの鉄資源の輸入ルートを復元することでもあっただろう。その最後の攻撃をしたのが、仲哀である。しかし、思いとは逆に、仲哀は、狗奴（熊襲）にやられて戦死し、狗奴・百済（利残）連合、すなわち、応神勢力を畿内に誘いこんだのだった。

この説は、神功の夫、仲哀の戦死は、本当の話で、祀られている小郡の神社も本物か？と思える話も含んでいる。（大川の榎津は、「葦原の津」、といっていたという話もある。高良の別宮の「風浪宮」のあるあたりである）

また、「真木」という地名もある。有明海近く、矢部川の東岸がもとそのあたりだったとすれば、方角とすれば、韓国にも向かっているし、朝日が直射し、有明海には夕日の

「日照り染む夕日の潟～」という詩もある。

また、『記紀』の神武東征の物語に筑紫の勢力がほとんど問題にされていない。筑紫を中心とする九州勢力との争闘の記事がないこと、そして、物部王国のシンボルである銅鐸の記事のないことが、かえって、九州の耶馬台国が東遷した事実がうかびあがるという説もある。

これらの説から推測すれば、近畿と、北部九州の地名の一致がある理由も浮かび上がる、ということになってくる。

また、耶馬台国の南に狗奴国があって、仲が悪かったという記事も、納得できそうである。なぜならば、狗奴国は男王で、長官「狗古智卑狗」、この長官狗古智卑狗については、ある連想が浮かぶ。クコチヒク「卑狗」は、大官（ムラの）のこと。

熊本、菊地の「鞠智城」である。韓国の「大百済一四〇〇年典」で、熊本のブースに、並べて展示されていた、実際の百済にあった仏像と全く同じ姿、形、大きさの【百済の仏像】が見つかった所である。

のちの文武天皇二年（六九八）に大野、基肄、鞠智の三城を修理した、と解されている記録がある。

北九州周辺部というような位置づけをした軍事基地というのが、現場サイドの見方であるそうだ。「史蹟指定の範囲」になっているのは、内城であって、もうひとつ外回りに外城があるのだという説や、筑後の方に通じる古代の官道がこの近くを通っている、という説もある。

『和名抄』には、菊地郡に【くくち】という読みがついていて、現在は、「きくちじょう」と発音しているが、当時は、「くくちじょう」とよんでいたのではないか、という意見があるようだ。

「くくちじょう」は、狗古智卑狗《クコチヒク》からきているのではないかともいう。

耶馬台国の南は、狗奴国と記されている。筑後平野が耶馬台国であったならば、その隣、南が狗奴国、大牟田までは筑後、その南は熊本である。新幹線の駅ではない。鞠智城のある泗水町は、熊本植木インターの東の方になる。

▽　地名からの随想

そこから、北の方、山鹿市があり、鹿央町・鹿本町・菊鹿町・鹿北町と、「鹿」のつく地名が多い。

百済との関係で考えると、「扶余」の鹿は有名であった。

『播磨国風土記』には、応神が、播磨で、狩りをしていた時、突然目の前に鹿が現われ、いないたので、射手が射ようとしたが、応神が逃がした、という記事がある。

普通、鹿は、当時、猪とならんで、獲物であるから、現われたら殺すはずであるが、それを殺さなかったのは、応神のトーテムが、鹿だったから、という話もある。『日本書紀』にも、応神が狩猟中、西方を見ると、数十頭の大鹿が、海に浮かんでやってきて、鹿子の水門に入ったので、侍臣に確かめさせると、角をつけた鹿の皮を衣服としてつけていた人間だった。

応神が、沸流王の系統であれば、トーテムは、熊であろう。この話も、なんらかの寓意、あるいは、讖緯をあらわしているのかもしれない。

鹿は、王位をあらわす場合もある。とすれば、「角鹿」は、「都怒我～」つまり、「ツヌガアラシト」。

アラシト、八王子等、多くの子、あるいは一族郎党、近隣の人々を渡来させてきた、そのことなのかもしれない。そして、応神の渡来への地ならし、露払い、の役割を果たしたのかもしれない。

「鹿」の字を持つ地名は、九州にも多い。熊本県でも、鞠智城の場所と同じように、内陸の方にある。山鹿もそうである。佐賀の鹿島も鹿である。

たとえば、熊トーテム族の後先に、鹿トーテム族のいくつかの集団が、何回にもわたって渡来してきたのだろうか。

熊本などの「熊」の字は、中国人からみて、熊トーテム族カイ＝熊ユウ＝優ユウ、倹・カン・雄・堅・解・君・神、すべて字は違うが、熊の異字（仮借）で、動物の熊をあらわしているという。

優は、沸流王の父の優台の優である。『史記』に、殷は、姓が熊で、中国人には、今も熊姓がある。夫余、高句麗、百済、沸流家には、この切韻当て字の王がいる。

熊本の熊は、「熊」。筑後平野とその周辺に点々と、これらの王家に関わりがありそうな字が入った地名があるのは、偶然なのだろうか。

駅をたどると、大牟田から熊本の間に、荒尾、玉名がある。荒は、伽耶を表すという説があった。『和名抄』によれば、「玉名」は、「玉杵名」が短縮されたものという。

玉名の玉は、「玉垂」の玉と同様な意味かもしれない。

▽ 韓流でよむ地名とは

韓流の説である。埼玉県、稲荷山古墳と、熊本県和水町の江田船山古墳から鉄剣が発見され、重要な考古資料として注目されているが、その鉄剣の主人公が、ワカタケル（雄略）に仕えた武人であったことについては、ほとんどの学者の意見が一致している。

彼らは、その地をタムロとした首長であっただろう。稲荷山古墳のある行田一帯の古い名は、埼玉であった。さいは、新羅語の「三」で、いまでも関東地方では三枝を「さい（え）ぐさ」と読む。また「たま」は、「タムロ」で「さいたま」は、三タムロ（分国）のこと。また江田船山古墳の所在地は、玉名で、これもタムロのことである。

ヤマトの大王たちも、百済と同じようにタムロを持って、勢力を拡張していたことがわかる。という解釈である。

このことから文字の意味を当てはめていけば、日本語での意味と、少し違ってくる。「玉垂」とは、タムロの果て、辺境、あるいは、タムロを後世に残した、というような意味にもなる。そうであるならば、玉垂の祭神は、その関係の人物、ということになる。「筑後高麗社」に従五位下が授けられた（延暦一四年（七九五））とするものもあって、高麗社などとは、ユウコはここではじめて知ったのである。

大善寺玉垂宮の「鬼夜」に似た行事が、規模は小さいが、筑後市の熊野神社でも行なわれていたという。玉垂宮は、後の、柳川領にも散見する。その秋祭りは、赤鬼、青鬼が、鐘、太鼓にあわせて大地を踏みしめ、踊り舞い、豊年を祝うのである。風流、地元で（ドンキャンキャン）、昭和のころまで練り歩いていた。「～イヤー、ドッコイショ、イヤー、ソモソモカミヨノソノムカシ、ア、ヨイ〜」、囃し唄である。「神代のその昔」と言っている。オドロキである。大善寺の鬼夜の鬼と同じものではなかろうか。

ユウコはこれほど身近に、半島色があることが解ってきて、じつは思いがけない歴史の展開に複雑な思いである。郷土史も大昔は、インタナショナルなのだ、と思いなおすことにした。

古代を記すどの仮説が知られていて事実をいちばんよく説明しているか、ということを検討していっても、この説が正しいという絶対論証にはならない。したがって、さまざま書かれた諸説は、あくまでユウコの推理と同じく？　推理でしかない、ということにはなるのであるが……。

▽　梶山

竹曲《たけのはやし》が、本宮に奉仕した田楽法師家の一子相伝の芸能があったが、いまは、太宰府天満宮の氏子六座だけに伝承されているという。

高良山には、孟宗金明竹林が昭和九年ごろ偶然に発生、今日二〇〇本とある。また、大善寺玉垂宮にも杜の杜の一角に、少々の竹林の群れがある。

『肥前国風土記』には、「景行天皇が、高羅の行宮にて、国内を巡覧した。筑後国御井川広く、人畜渡し難しをもって、天皇巡狩の折、生葉山について船山とし、高羅山について【梶山】とし、船を造り人畜を渡す」

この「梶山」について高良の文書に、「高良神楽は、異国征伐の時の次第である。住吉・高良・諏訪・熱田・三嶋の五人の神楽男がいる」とある。

神社の名のようである。同じ神楽を行なうということは、同系の神であるということだろう。「高良大菩薩、大祝先祖、守屋大臣は御兄弟」ともいう。つまり、諏訪の大祝と兄弟といっている。

諏訪神社の神紋は「梶の葉」である。この梶の葉紋は、諏訪の遷宮の際、み正体を蔽う錦であり、大祝の正装の模様であり、社頭にひかれる神幕の紋でもある。祭神の本質を物語るともいわれる。

（「梶」の字は、分解すれば、木と尾である。「木気」は「辰巳」（巽）に配当され、「尾」もまた、蛇の象徴である。祭神が神面蛇身であるならば、その神を人と別つものは、まさにその「尾」である）

梶山の「梶」も同じような意味だとすれば、それは、「蛇」を表している。

「蛇」は、「三輪山」ではなかったか。

『筑前国風土記』逸文に、「大三輪社」、『日向国風土記』逸文、「高日村、三輪の神の社」（前記）の「三輪」は、大善寺の玉垂、あるいは、高良の玉垂かという推測をしているが、ここで、「梶山」の「梶」の意味とも相俟ってくる。そうであれば、「蛇」である　玉垂命は、神産巣日神という説もあった。ここで、考えてみれば、「蛇」「竹」「三輪」……大物主は、国譲りの折に、三輪山に祀られた。

大国主とともに国造りをしたのは、少彦名である。『古事記』少彦名は、神産巣日神の子であった。神産巣日がいなければ、少彦名も存在しない。

従って、「私がいなければ、国造りという大事業はできていない」といったのは、大己貴（大国主）の幸魂、奇魂、とあった。が、それは、神産巣日神をも指しているようにみえる。そして、「三輪山」に住みたいといわれた。これが、三輪山の神である。三輪山の神は、大物主であった。この大物主と、神産巣日は、重なってきたのだ。（神産巣日と高御産巣日はかさなるところもあるといわれている）

高良山は、筑後物部の総本山という説もあった。高良の神秘書には、神話とも事実とも、言い伝えとも受け取れる事項が記されている。

（「高良大菩薩は、九州の宗廟の尊神。

聖武天皇の天平勝宝元年、宇佐の宮が造立されてよりこのかた、九州宗廟を宇佐八幡に譲られた。この時より、高良は、筑後を隠神としておわします」

「神功皇后、新羅を攻め給う時、胎み給う。宮中にて異国を治め給うにより、九州宗廟を宇佐に譲り給うなり」

系譜について、『記紀』の系図とは異なっていて、ウガヤフキアエズ尊の御子に、住吉の三神がいる。

「嫡男、表筒男尊　日神垂迹　玄孫大臣物部大連の御　是れより大祝の家始まる。次男、中筒男尊　是れは、神武天皇御、守屋の大臣は、神武のヘンケ、三男は、底筒男尊　月神垂ジャク、高良大菩薩にておわします。他に、女神、表少童尊と中津少童尊。」

高良大菩薩が、皇宮におられる時、忝くも大菩薩は、【月神】にてましオす間、位をすへり、太政大臣正一位号し給う。藤大臣は異国征伐の時、千珠、万珠を龍宮へカルヘキための御カリ名なり。高良山に御遷幸あってより、高良大明神正一位と定められた。大菩薩は、俗体を大祝に譲る。大祝大明神物部安河正一位、高良の公人勾当は、新羅王の末裔、もって百済なり。

正月一五日の犬の舞、七月一四日一五日の普経は、異国征伐なり。日本に三所普といえり。住吉、八幡、高良山三所なれども、今は高良山マデと伝えたり。

菩薩のタル木ノカナモノノ文は、モッコウ、大菩薩の御ウシロには、海、杉、竹マシリタル所ヲ書、～月ヲトラン所ヲ書）

高良大菩薩は、宮中にいるときは、月の神であったが、俗体を大祝に譲る。大祝大明神正一位物部、となっている。

［月の神、人に憑いて我祖、高皇産霊は、天地をつくった功績がある。］

『記紀』では、神武の兄弟は、五瀬命、稲飯命、三毛入野命、となっていて、五瀬命は、長髄彦との戦いで負傷して亡くなる。稲飯命は、熊野の神邑で暴風に遭った時、鋤持神（サメ）となる。『新撰姓氏録』には、新良貴＝新羅国王の祖。

ミケは御食、イリは神霊が体内に入る野か。ノはヌともいわれ、神名の末尾につくことが多い。農業の基盤をそこに求め、その語を接尾することにより、敬意を表したものか。稲飯命は、入水、三毛入野命も、波の秀を踏んで常世郷に行く、という解説がある。三毛が、三池を表すという説がある。三池は、大牟田である。三毛入野命は、大牟田の名を体現しているようにもみえる。（大は、意富、牟は、あちらの王家の牟、そして、平野の野に入る田である）

高良は、月神の垂ジャクで、のち、日神の垂ジャク物部でもある。兄弟に、新羅王の祖がいるが、勾当に、新羅王の末裔がいる。この神は、熊野で入水、鋤持神（サメ）となっている。サメ＝ワニ＝和邇氏とすれば、スサノオ、日子坐王につながる。日子坐王は、丹波と関わっていた。新羅王は、神武ともつながっていた。［高良の大祝の始めは、丹波氏、次に物部氏」ともいう。

『肥前国風土記』『記紀』からも、次のようなことがあぶりだされる。

開化天皇段に、皇子日子坐王の子、沙本毘古（狭穂彦王）は、日下部連の祖、とある。

さらに、スサノオの子五十猛神は、「木国之大屋毘古神」。

『日本書紀』スサノオの子に五十猛命（紀伊国の大神と伝える。讃えて「有功神」）その妹、「大屋津姫命」「抓津姫命」。

『肥前国風土記』「大屋田子（日下部君らの祖先・景行天皇の従者）」

大屋田子は、大屋毘古と同一人物のようにみえてくる。

鷹尾神社の別当は、紀氏とある。木＝紀、そして、貴国の貴、だろう。

スサノオ系の日子坐王の系譜がまず貴国にあって、ほぼ同時進行か、入れ代わりで、物部、になっているのだろう。高良の紋は、「門光」つまり、木瓜なのである。

祭神の九躰王子は、スサノオ、あるいは牛頭天王の八王子と重なっていた。

大祝の順番にもあう。

九州の宗廟が、宇佐に移って以来、高良は、「隠神」になったという。「隠」がどのような意味なのか、文字どおり、「隠す」という意味にとれば、何事かを隠して、人に知られないようにしたのである。あるいは「夜の食《オ》す国」……陽を隠す……月読神と受けとれるのかもしれない。

その後に、『記紀』は編纂されている。そのあらすじにあうような「高御産巣日神〜天照大神系を、宗像や、宇佐に配置し、水沼君も、同じ神を奉斎したのである。というように考えられるのではなかろうか。神武一統は、筑紫平野にもいたようにみえてくる。高良の古文書には、住吉三神に神武がいるのである。神功と住吉の神の不倫によって応神が生まれた、というような奇説が生みだされ、さらに、神武と応神は同一人物などということにもなってくるのだろう。

韓流でいう「カヤの分国であった九州のヤマタイは衰退して、アラカヤ王とその一族によって、畿内の大和朝廷がはじまったことによって、アラカヤは衰退していった」ということにも通じてきそうである。

単なる物語に受けとめておこう。

しかし、天平勝宝元年（七四九）聖武の御世である。某奇説によれば、天平聖武と神亀聖武がすりかわった年である。天平聖武は、前述のように、渤海使者として入京した高斎徳という。高句麗も百済も滅んだ後の半島情勢に連動しているのではなかろうか。高良は、宇佐に九州宗廟を譲った。それによって、隠神になるという、九州の状況が、それまでと、大きく変わったのではないだろうか。

日本の王朝変革の理由が、百済と高句麗の関係にあった、という説もある。
それまでの九州の宗廟というものは、新羅系であったものが、半島の情勢の変化とともに、百済、高句麗系に変わったのではなかろうか。

▽ 半島の王家

沸流の天皇家の系統は、高句麗東明王（朱蒙）につながっている。そしてそのルーツは、解夫婁、その始祖は、檀君王倹。

この王倹の生誕には、次のような説話がある。

天帝の桓因の庶子に桓雄という神がいて、人間を救うために三千の供を連れて太伯山の頂の神檀樹に天降り、そこを神市といった。その時、そこの洞窟に虎と熊が棲んでいて、虎と熊は、人間になりたいと思った。

天神は、人間になる修行をさせたが、虎は、中途でやめた。が、熊は、ついに人間となって、天神桓雄と結婚して、王倹を生んだ。

太陽信仰（日）の騎馬民族（天つ神）と、土着の熊信仰を持つ農耕民（国つ神）の融合をもって檀君族（日韓族の祖先、檀は、天と同じ音を持つという）の始まりを象徴しているといわれている。

古代の天皇家は、高句麗や百済などの国とは、同族であったのだ。高句麗のマークのヤタガラスが、神武の道案内をした、というのは、すでに高句麗系が列島にいた、ということを示唆しているのではないだろうか。

崇神、垂仁は、大物主を祀る三輪の祭祀集団の太田氏を征服し追放した。太田田根子は、再び帰って、三輪祭祀は復活する。太田氏は、三輪君、賀茂君になる。ヤタガラスに憑依したのは、神産巣日神の孫である。子の少彦名は、大国主とともに、国造りをした神である。神武東征に協力したことになる。

（四）神紋のなぞ

神社の紋は様々、その由来も、一様ではない。神社は、古代においては、その氏族が個別に奉斎するもので、氏族理解のひとつの指標、目印、となるものである。

神紋の起源は、主として祭神に由来する伝承や、神職あるいは有力な氏子の由緒に基づいて生まれたといわれている。

神紋が同じであれば、ほぼ同じ氏族か、それに、様々な系譜で、つながってきているのではないかと、およそ見当をつけて推理しても、大きな間違いではないということになる。とはいっても、歴史の長い年月の経過のうちには、政変、戦乱、天変地異その他様々な事情によって、神社も、外観や、その鎮座する場所、あるいは祭神まで変わってしまっている場合もある。鎮座する場所については、方位など、陰陽道の原理に基づいて、選定されているところが多いらしい。

ユウコは、神社の配列を地図で見る、あるいは実際、車で走っていると、なにか、一定の法則、決まり、で配置されているような気がすることがある。神社の本殿が、東西南北の、どの方向を向いているかというのも、歴史に関わってくるというのだ。陰陽五行説導入後の祭屋構造がなされている神社は、神は、子方（北）に祀られて南面する。皇居は首都の北の中央にあって、「天子は南面する」という理屈と同じである。もっと古い神社というのは、東を神聖方位とする古儀をそのままに残し、祭神が、東面あるいは、西面するのとは対照的である。また、北向きの神社は、古来その位置を変えていないならば、神話的な何か謂れ？　を秘めているところもある。

また、後に、二つあるいは、幾つかの祭神が合祀されていることもあるが、必ずしも、関係深い祭神どうしとは限らないといわれている。明治の神社合祀令によって、多くの神社が消滅し、神域（神社の森）の切り売りや、破壊も行なわれている。

◆神社の紋

数多くの神紋があるが「巴紋」を神紋とする神社の数が最も多いといわれている。「三つ巴」を神紋とするのは宇佐神宮をはじめ、岩清水八幡宮、大神神社、鹿島神宮、香取神宮など多数である。

ひとつの神社に、祭神ごとに、異なった紋を所有するところもある。

桐、菊、梅、葵、菱、木瓜、桜、藤、亀甲ほか、様々である。

そして、例えば、木瓜紋などは様々なバリエーションがある。その植物の文字に意味を込めた紋もあるようだ。

▽葵の紋

桐や菊は、皇室に関わる紋、梅は、天満宮系だろう。そして、葵は、徳川家に関係するだろう、というように想像はできる。

ところが、この葵紋は、上下賀茂神社が葵の葉を飾って葵祭を行なったことからきている、というのである。葵祭は、源氏物語にも登場する華やかな京都の祭りである。

平安初期に勅祭になっているが、時代が下ると、上皇・天皇の御覧や参加する官吏に、臨時の除目が行なわれる栄誉の場でもあった。

現在の葵祭は　毎年五月十五日、平安時代の装束を身にまとった行列が、勅使、斎王代を警固して、京都御所から出発し、下・上賀茂神社へ向かう。葵の葉をかざして、まさに平安時代の風雅を今に伝える古式ゆかしい神事で、粛々と、行列は、進んでいくのであるが、十四世紀ごろには、参加者の服装が華美にすぎる、従者の人数が多すぎるなどの禁止が朝廷から出されたりしている。印地打ち（石合戦）が行なわれて死者も出たりするほど、人々を熱狂させるような場面もあったらしい。祭りらしい熱気を帯びた祭礼であったことが、想像される。武家政権となっても、将軍が毎年見物するほどの盛大な祭りであった。その祭りの前、五月十二日には、「御阿礼《ミアレ》神事」という重要な神祭りが行なわれるのである。

そのような祭礼を行なう神社の神紋からきている、というのだから、通り一遍では片付けられない面がある。

徳川家の葵紋は、三河の加茂郡から発祥した松平氏が葵を家紋としたことにはじまるという。三河衆の本田家の祖先が、加茂神社の神主であったという説もあり、また、三河には、加茂別雷神社の社領もあったのである。徳川家は、加茂神社との由縁による葵を家紋

としたのではないかという。（加茂神社は二葉葵）

後世、源氏である「新田」をルーツにしたという話があるが、もっと古い由縁のようである。したがって、久能山、日光の東照宮はいずれも、三ッ葉葵、の神紋である。四百年前という長い年月も、たかだか四百年以上の由緒と経過が想定される紋であったのだ。

『日本書紀』の崇神朝に登場する、大物主大神の子で大物主祭祀の祭主「太田田根子」は、三輪君、鴨（加茂）君の祖神とされている。

カモ＝神のいる場所を意味し、カモ氏は神氏で、三輪、大三輪、大神氏と同族ともいう。『新撰姓氏録』には、神魂命《かみむすびのみこと》の孫、鴨建津之身命《かもたけつのみのみこと》が、「八咫烏」になりかわり、神武東征の道案内をした。その末裔に鴨縣主、加茂縣主がいたという記述がある。

また、孫の大賀茂都美命が、賀茂神社を奉じている。御所市にある鴨都波神社、高鴨神社がそれにあたり、京都の上・下神社の本家にあたるともいう。

八咫烏伝承は、カモ氏の主殿寮官人としての車駕先導的役割から創作されたもので、その成立は、八世紀前後と、記紀成立のころ、という説もある。

また、鴨君と、鴨あるいは、加茂縣主は、別系統ともいわれているようだ。

「丹塗矢伝承」は、乙訓郡の社に鎮座する〔火雷神〕が、甍を突き破って昇天したので、「賀茂別雷神《カモワケイカツチノカミ》」と命名された。イカツチ＝厳霊＝雷＝蛇につながるという。また、〔丹塗矢が、瀬見の小川を流れてくる」というのは、〈桃が川を流れてくる〉という場面に似ている。賀茂神社を奉斎しているのが、「大賀茂都美命」(A)、イザナギが桃の実に与えた名が「意富加牟豆美命」(B)。AとBの神は、読みが同じ、おおかむずみのみこと、同じような役割をはたす、同一系統の神なのかもしれない。

下鴨神社の社家は、加茂縣主の子孫であるとされているが、その社家である、鴨脚家の『鴨脚家本姓氏録逸文』の「因賜葛野縣居焉」と記されている文章によると、〈先導役の褒賞として、葛野県を賜り、そこに居住するようになった〉、と記されている、ということである。そして、成務天皇の御世に、「鴨縣主に定め賜ふ」わけである。『古事記』の成務天皇の世に「縣主」が定められた。(成務天皇は実在されたのかどうか疑わしい説もある)『日本書紀』には、「頭八咫烏、亦賞の例に入る。その苗裔は、即ち葛野縣主部是なり」

一九六三年、京都市右京区梅ケ畑の山中で、宅地造成中に、四個の銅鐸が発見されている。製作年代は、弥生中期初頭にさかのぼるという。

銅鐸の埋められた北嵯峨丘陵から周山街道に沿って南下すると、右京区鳴滝に出る。ここで、道を左にとれば、御室仁和寺、右へゆけば、山越を経て太秦に出る。太秦には広隆寺がある。広隆寺といえば、秦氏である。銅鐸の埋葬者は、誰かわからないが、帰化人である秦氏だとすれば、彼らは、弥生時代中期以前から、嵯峨野地域に定着していたことになる。

本居宣長の『古事記伝』には、秦氏と加茂氏は、密接な関係をもっていたという伝承があるという。秦氏と加茂氏は、姻戚関係になっているようである。

高句麗の象徴（幡の絵柄の）が八咫烏であった。高句麗遺蹟の宝庫といわれる山、「峨《ア》嵯山《チャサン》」があった。嵯峨野の嵯峨と、峨嵯山の峨嵯は、字が入れ替わっているだけである。高句麗のあたりから、この嵯峨野あたりに入植した一団があったのでは……とも思わせる。

「八咫烏社」が大和国に設置されたのは、慶雲二年（七〇五）丙戌であり、八世紀初頭をあまりさかのぼらない時期にヤタガラス伝説は、完成したのだろう、という説もある。出雲系の神々とともに、祀られることが多いというのである。

出雲に多い、亀甲（六角形）の中に「大」の字や「金」の字の神紋も、それなりに考えられたものであろうが、いつごろから使用されたものかは、明らかではないらしい。案外、後世、といっても、江戸時代ごろ、あるいは、明治以降、時代と謂れに合った神紋となった場合も多いのだろう。

▽織田氏は

八坂神社の、木瓜の紋は、戦国の織田家の紋と同じ系統の木瓜である。信長が、京都に上洛した際に、力ずくで奉納したのだろう、と、軽く、想像もしてしまいそうである。信長は、比叡山を焼き討ちしたりして、神仏など、意に介さない覇王、というイメージがある。ところが、織田家は、先祖伝来、熱田神宮を崇拝していて、信長も例外ではなかったようなのである。では、その紋が同じなのか、というとそうではない。

▽桐と竹の紋

熱田神宮の紋は、「桐」と「竹」であるという。古来、「神衣」に用いた図柄からきているらしい。桐は、菊とともに皇室の紋章ともされ、神紋にも用いられている。「竹」は、櫛とともに、霊性をあらわすという。

熱田神宮の大宮司家の尾張氏は、丹後の現、京都府宮津市、「籠《コモリ》神社」の宮司を代々務める海部《アマベ》氏の分家になっている。

その祖は、主祭神である「彦火明命」、別名「天火明命」である。

『先代旧事本紀』の「天孫本紀」には、ニギハヤヒと、天道日女命の子、天香語山命（別名、高倉下）が、尾張氏の祖で、海部氏をもって、神主となす。海部氏は、尾張氏の別姓なり、と「尾張国熱田神宮縁起」にあるという。

この籠神社は、各地にある元伊勢（皇大神宮が伊勢に行くまでに一時的に鎮まっていた地）の中で、最も古い元伊勢であるといわれている。日本三景の一、天橋立は、もとは、籠神社の参道であったという説もあるのだ。このことは、これら神話の筋書きに大きな意味をもつような気配である。

福岡県久留米市の大石神社、つまり、伊勢天照御祖神社《イセノアマテラスミオヤジンジャ》の祭神も同じ「天照国照彦天火明尊」なのである。

ニギハヤヒが祀られているという。

筑後川の手前、少し北に入ったところに、西向きの社殿であり、創祀年代不明の式内社である。

毎年旧暦八月十五日に「十五夜さん、大綱引き」という、夕刻から夜にかけての綱引きが行なわれる。大綱・小綱をそれぞれ担いで大人衆と、子供たちが、松明を先頭に町内を練り歩く。大綱は、一方の端に丸く輪をつくる。「大蛇」の姿を表現しているともいわれている。筑後川を鎮めるための行事ともいわれている。

綱を担いで練り歩く様子は、地元出身の夭折の画家・青木繁が「海の幸」を描くにあたって、サメを担いで帰る漁師たちの構図のイメージに影響したのではないか、と指摘する人もいる。神話に題材を求めた絵が有名で、「わだつみのいろこの宮」は、山幸彦が、海の宮殿で、玉依姫に出会う有名な場面を描いている。
十五夜の綱引き　祭りで盛り上がった会場では、皆に名物の「串刺し芋」が配られるという。里芋一五〇キログラム、さつま芋三〇キログラムが用意されて、【串刺し】にされるのである。

伊勢神宮には、神紋がなかったが、明治になって、皇室の紋章である十六菊を神紋とした、という説がある。菊花十六紋は、シュメール、ペルシャ、メソポタミアと、世界に広がる王家の紋章と記すものもある。

一方、伊勢神宮には、秘紋というものがあって、それは「屋形紋」、そして、刺車紋《サシクルマモン》という、知られざる紋もある……。

神紋は由来はさまざま、年代も違いがあるのである。

▽　木瓜紋

尾張の織田氏は、越前の織田剣神社の後裔ともいわれているが、その神社が、木瓜紋である。

木瓜紋は、祇園系で、スサノオ・牛頭天王……。葵の紋は、加茂氏。祖先は、大田田根子……、大物主、というふうにつながる。「大物主は、大国主のことである」という説に従うと、大国主は、スサノオの六代の子孫あるいは、子という、神話的な系譜なのであるが、そうであるならば、織田も徳川も、遠い遠い祖先ではつながっている。

ビックリ、日本社会では、「袖すり合うも他生《タショウ》の縁」というもの？　驚くにはあたらない、と思いなおして、それならば、農民の出、というので有名な出世物語をもつ秀吉はどうなのか。幼名を日吉丸といったことは、もうあまりにも有名な話である。母親が、日吉山王社に深く帰依しており、日吉社の申し子であることから、つけられたという伝説である。日吉山王社は、様々な神が習合して比叡山延暦寺系となっているが、常に時の王権と結びついていたというのであるが、その芯にあるのは、山王信仰として、決して表に出そうとしない「牛頭天王」ともいうのである。

三英傑のルーツの根源がほぼ同じ、ということになって、日本の歴史の絶妙な成り立ち？　を思い知る、というのか、天皇家が彼らに潰されなかった理由のひとつが浮かび上がってくるようにみえるのは、単細胞のユウコのあたまのせいばかりではなさそうだ。

織田は「平氏」ということになっているが、そのルーツとなる年代が、多少あいまいなことが、最近の、新聞記事になるくらいなのだから、いわんや……なのではあるが。

木瓜も、いくつか種類があって、様々デザインが異なるところもあるが、同じ祇園系で有名な尾張の津島天王社、筑前の櫛田神社なども用いているという。

櫛田神社の祭り、博多祇園山笠は、年々、盛大でにぎやかで、迫力に満ちている。「山見せ」などにたまに出会うと、祭りの季節の到来、重なりめぐる年月さまざま、さわやかさの中に、独特の祭りの気分が迫ってくるようなのである。

山笠の期間中は、氏子は「胡瓜」を食べない。神社の紋が、胡瓜の切り口に似ているからという解説である。見事な直会《ナオライ》料理がテレビで紹介されていた。本来、直会は、神事が終わってから、神酒、神饌をおろしていただく酒宴、といわれているが、期間中の直会はあのすさまじいエネルギーを生み出し支えるスタミナ食なのだろう。直会は、神と共食することによって、神になる、ともいうので、山をかく男衆は、いわば、みな、神になっているのである……。直会料理を作り出すのは、神主ではなくて、博多の「ごりょんさん」たちのようだ。作るほうも、精進潔斎した神主が、神饌を作るような心持ちで、作っているのだろうか。いわば、総がかりの、祈りと力の入った行事なのである。その直会料理にも胡瓜は使わないという。伝統も神威も、時代の気分にあわせて、依然衰えないすごさがある。

木瓜にも様々な模様があるように、そのいわれもひとつではない。木瓜には、宮廷で使われた模様のひとつ、という異説があった。

「木瓜」とは、「もこう」＝「帽額《モコウ》」＝御簾の帽額の模様に用いられたことからきている。

鳥の巣を上から見た中国伝来の形ともいう。その外縁の数から四巣、五巣窠などという。帽額とは、御帳の上方の帷子の掛け際や上長押、または御簾の上部の外側の横に、幕のように張る布帛、水引幕の類、額隠のことであるという。

高良大社の「木瓜」は、「門光」というらしい。その解説がふるっている。

「神功皇后が、筑前国四王寺の峰において、大ススを榊の枝にかけ、七日ツマタチ、異国の大将、祈りたまう時、東の空に白雲があらわれたまいしかば、四方に開けて、四方に、光を放ち、四王寺の峰に下りたまう。四方に開けし白雲は、四天王なり。中に四本の矛をうちかかえたるは、四天王の矛なり。これをそのままとりて、モッコウと名付けたり。異国征伐の時、高良の御文これなり。四方に光を放ちたるゆえに、門の光と書けり」

高良大社には、八幡の「三つ巴紋」もある。この紋の解説も、神功に関わりがある。

尾張、織田氏は、戦国大名朝倉氏に仕えていた。朝倉氏は、越前守護斯波氏の守護代。孝徳天皇の王子表米親王を祖としている、とされる。しかし本姓は日下部氏とされているから、開化天皇の皇子、丹波彦坐命を祖神とする但馬国造家の支流とされる。

但馬の表米神社の神紋は、八坂神社の祇園系の紋と同じような「木瓜」で、山門に、木彫りで神紋が彫られている。

彦坐命＝日子坐王は、開化と、和邇の祖、日子国意祁都命《ヒコクニオケツノミコト》の妹との子とされている。和邇の祖は、天押帯日子命から出ている。

天押帯日子命は、六代孝安天皇の兄、父は、五代孝昭天皇、母は、尾張連の祖、奥津世襲が妹、世襲足姫である。和邇氏や、尾張連は、母系でつながっている。

日子坐王の子、沙本比売は、垂仁天皇の皇后である。兄の沙本毘古の謀反により、滅亡したのであるが、沙本比売は、のちの景行の母となる丹波の王女を推薦して亡くなっている。

開化と沙本比売との子は、誉津別王という。この誉津別王は、三〇歳になっても、ものが言えなかったのであるが、ある日、白鳥（鵠《クグイ》）を見て、ものを言うことができるようになった。（白鳥は、人の霊魂を運ぶ鳥として祀るという）その鳥は、出雲、あるいは、但馬で、捕獲された。

『古事記』では、垂仁の夢に大神があらわれて、ものを言わないのは、出雲大神の御心によるものであり、かって、国譲りの時に天皇の宮と同じように、神殿が整えられることを要求したが、それがかなえられたならば、皇子はものを言うだろう。といわれた。そこで、皇子を、出雲大神に参拝させた。肥河の水上に仮宮を作って滞在していた時、御子は、飾りものとして作られていた青葉の山を見て、初めてものを言った。

この時、随行したのは、日子坐王の子、大俣王（母は山代荏名津姫）の二人の息子、曙立王と、菟上王である。

最近になって、その伝説の巨大な神殿の遺構が発掘されて、神話に書かれていたことがそのまま出現することになって、話題になった。

御子は、飾りものとして作られていた青葉の山、つまり、青葉のついた柴で作った垣、を見たのではなかろうか。「青柴垣」は、神が降臨する神聖な場、「神籬」を意味する。それを見て、ものを言ったのである。

それまでは、国譲りの条件が、まだ完全に果たされていなかったのだろう。

誉津別が、言葉を発することができるようになったことを喜んだ従者は、誉津別を残して、報告のため、都に戻ってしまった。その時、誉津別は、肥長比売《ヒナガヒメ》と一夜を過ごす。ところが、なんと、比売の正体は、蛇。誉津別は、慌てて逃げ出す。姫は嘆く一方、舟に乗り、追いかけてくる。すると、誉津別は、山に登って都に逃げ帰った。

日子坐王の子の沙本毘古王は、謀反を起こした、ということは、その皇統を担う資格あるいは、力がまだあったのである。

出雲大神参拝、神殿の建設をすることによって、国譲りの約束は、履行されたことになるし、沙本毘古の謀反は、謀反に終わって、皇統を担う目はなくなったのである。

※沙本毘古（あるいは「狭穂毘古」）の系譜について

沙本毘古は、日下部連の祖とある。スサノオの子、五十猛命もそうであり、「木国大屋毘古神」でもあった。『肥前国風土記』にいう「大屋田子」は、日下部連の祖、垂仁の従者とあるので、これらが同一人物であれば彼らは筑紫にもいたことになる。名の「狭」は、さ＝さん＝水のこと。水、稲、鉄の守り神である、とするものがある。筑後川流域の平野にもいたのではなかろうか。父の日子坐王はスサノオとも重なってくるのである。

垂仁は、新羅の王子、天日矛が持参したという神宝を見たい、といって、その神宝を献上させた。献上したのは、但馬の、天日矛の曾孫清彦である。

天日矛は、日子坐王の系譜に重なっている部分があるのではないか。

日子坐王の子に大俣王という名があるが、アラシトの別名にも同じ大俣王があり、アラシトは、天日矛ともいわれている。

神宝というのは、「羽太玉・足高玉・鵜鹿鹿赤石玉・出石小刀・出石矛・日鏡・熊神籬」、「一書」に、胆狭浅の太刀の八種である。そのうち「出石小刀」は、勝手に、清彦のもとに戻り、そのうち自然に、淡路島に至ったので、その島の人は、それを神だと思って、祠を建てて祀っているという。

この話にも寓意があるようにみえる。

垂仁は、この神宝を持っていた一族、皇統の承継も可能だった一族から、神宝まで奪って、完全に皇統は、天皇家唯一のものに、仕上げたことを象徴しているようにみえる。神宝のひとつ、出石小刀が、勝手に清彦のもとに戻った。そのうち自然に淡路島に至った、というのは、没収された神宝のひとつ、出石小刀は、天日矛の子孫、清彦のもとに返り、さらに、元の所在地、淡路（天日矛の元の居場所）に戻った。「出石小刀」は、敗者の小刀である。

ヤマタノオロチの体内から取り出した「天叢雲剣《アメノムラクモノツルギ》」も敗者の剣である。剣神を祀る出雲氏が、朝廷に服属したことを象徴する、という説もある。

のちに、ヤマトタケルの東征には【節刀】として授けられ、その物語に由来して、「草薙剣《クサナギノツルギ》」と呼ばれることになる。そして三種神器のひとつとして、のちに、熱田神宮に祀られる。その間、様々な経緯があって、天武天皇は、病に祟られ、桓武天皇も祟られた。神剣の祟りで、二人も天皇が崩御したと、国史にあるのは、やはりただ事ではないだろう。その祟りは何か、記録するに足りる、理由があったのだろうと推測される。「敗者」は、怨霊神、霊神となって、畏敬をこめて、手厚く祀れば強力な守護神となる。人々は、そのような意味がわかっていたので、返ってきた出石小刀を神だと思って祀ったのである。このことは、天日矛の系譜は、まだほそぼそと、命脈を保っていることのたとえであるようでもある。

垂仁紀には、天日矛が持参した神宝は、但馬の国に納め、常に神宝とした。『延喜式』神名に、「出石坐神社八座」とある。「一書」では、播磨国に停泊し、天皇より、宍粟邑と淡路島の出浅邑の二つの居住地を許された。天日矛は、願わくば諸国を巡って自分の心に適った土地を賜りたいということで、但馬の国を居住地とした、とある。

但馬、丹波、丹後の三丹地方は、畿内に隣接した地勢でありながら、大和朝廷に対抗した独自の王国があった、という説がある。

平成六年、京都府弥栄町と峰山町の境（現・京丹後市）の大田南五号墳で、出土した「青龍三年」（三国魏の年号で、西暦二三五年）紀年鏡は、三丹王国の存在を改めて認識させるものとなったといわれる。

その地の、『但馬国司文書』というのが、その三丹王国の歴史を語るもの、というのである。

その文書によると、三丹王国を建てたのは【天火明命】である。この神は、元伊勢、「籠神社」の主神でもあった。

記紀では、天孫ニニギの兄となっているが、事績は記されていない。前述、熱田神宮の祭神でもある。

ところが、『但馬国司文書』では、天火明命が、出雲のオオナムチの勅を受けて高天原から籠神社の地に天降り、「三丹地方を廻って五穀栽培や、養蚕を広めた」次第が記されているというのである。天火明命と並んで【彦坐王】については、彦坐王は、先住民と壮絶な戦いをした。そして、出雲におもむいて、神々に、戦勝を報告した後、粟鹿宮（現・兵庫県朝来市山東町）に、三丹各地の国造や、縣主を集め、服属を誓わせた。この宮の故地は、現在の粟鹿神社という。彦坐王は、この戦勝によって、【大国主】の称号が与えられたとされる。この称号は、大和朝廷のものではないことは明らかである。またその復命が、大和朝廷ではなく、出雲に対して行なわれたというのも、注目である。出雲に称号を与えるほどの国があったということになる。

記紀では、彦坐王は、開化天皇と和邇氏系との子であり、崇神は、開化と、物部系との子であり、腹違いの兄弟となっている。

崇神も神宝を出雲から奪わせた記事がある。前後するが、両系統ともに、皇統をになう資格があったことを窺わせる記述と思われる、あるいは、勢力のある諸豪族を従わせていく過程を象徴しているのかもしれない。

高良大社の神職、大宮司と座主は、はじめ、「丹波氏」が兼ねていた。次に物部氏……とある。

「但馬故事記」の、新羅王子、天日矛命の事績によると、天日矛は、神武天皇の皇兄・稲飯命の五世の孫であり、渡来後は、朝廷から、播磨と淡路に領地を与えられたうえ、但馬の国造に任じられているという。そうなると、新羅王家と、大和朝廷は、同族ということになる。

応神紀に、日向の髪長姫の話の「一書」にも、同様の寓意が感じられる。

日向の諸県君牛は、朝廷に仕えていたが、すっかり老人になり、仕えを辞して本国に帰り、自分の娘の髪長姫を献った。この髪長姫は、天下一の美女であったらしい。

諸県君牛が初めて播磨の国までやってきた時、天皇は、淡路島にお出ましになって、狩猟をしておられた。ここに天皇が、西方をご覧になると、数十頭の大鹿が海に浮かんでやってきて、播磨の鹿子水門に入った。天皇は「あれは、いかなる大鹿なのか、大海に浮かんでたくさんやってきたのは」と仰せられた。侍者の者もそれを見て怪しみ、ただちに使者をやって、見届けさせた。使者が到着して見てみると、みな人間であった。ただ、角をつけた鹿の皮を衣服として着ているだけであった。「誰か」と問うと、「諸県君牛です。年老いて辞任いたしましたが、朝廷を忘れることができませんでした。それで、自分の娘の髪長姫を献ります」と申しあげた。

天皇は喜ばれてすぐさま、お召しになって、御船に従わせられた。そこで、時の人は、その岸に着いたところを名付けて鹿子水門といった。およそ水夫を鹿子というのは、けだしこの時起こったのだろう。

この話の寓意を探ってみる。

天皇が淡路島で狩猟をするというのは、淡路島が、天皇に供御を奉る土地であったことを示す伝承があったのだろう、とする説がある。淡路＝タムロと解釈するならば、そこは当然、供御を奉っていたのだろうし、前記、三丹王朝の領地、とも解するなら、戦いをやっているようにみえる。

一方、諸県君牛は、年老いて、宮廷を辞した。角をつけた鹿の皮を衣服としていた諸県君牛は、（鹿＝帝位）と解釈すれば、かつては、そのような地位にあった、あるいはあってもよかった人物だったのだろう。娘を献上するというのは、天皇方に、征服されたことを象徴している、ということになる。

後世、戦国の世にも、そのような例は多いが、歴史は、男性の手によって書かれていることを忘れてはならない、という単純な話以上のナゾが隠されているようである。

「牛」は（ソ）、ソは、ソシモリ（牛頭）すなわち、最高の意で、京都八坂神社の祭神の一人、牛頭天王（スサノオ）となる「牛頭」ソモリ―すめろぎ、ともつながる、と記すものもある。

「角のある鹿皮」は、都怒我阿羅斯等《ツヌガアラシト》は「角がある人」で、新羅・伽耶系の王冠をかぶった人を意味し、前記、神宝を日本にもたらした伝説的な王子・天日矛を別人格化したものと考えられることに符合する。

持参したという神宝は、天照大神が、ニニギノミコトが降臨するときに与えた三種の神器、「八尺瓊曲玉・八咫鏡・草薙剣」とおなじ玉・鏡・剣がある。この神宝は、石上神宮の神事にかかわる、物部氏の神宝とも似ている。

このことは、同一系統の信仰と習俗を持っていたことを意味しているのではないかという説があるが、前記、「但馬故事記」の記事と照らしあわせてみれば、朝廷、物部、天日矛あるいは、日子坐王の系統は、同族で、同一の価値観を持っていたと考えても、おかしくない。

但馬、出雲、角賀などの地名は、日本海側にあって、かっては裏日本とよばれていた。日本海側の冬は雪が多く、晴れた日が少ない。イメージどおり、暗くて、太平洋側の表日本とは対照的なのであるが、古代の出雲は、日本海沿岸の航路の中心になっていたといわれ、大陸に向かった表玄関であったのである。古代の海上交易は、想像以上に盛んであったと記すものもある。

ユウコはかって、トワイライト・エキスプレスで、連れの老夫人の昔話、今の話と、にぎやかに繰り返される話に半分耳をかたむけながら、日本海を眺めていったことがあったが、あいにくの曇天で、美しい夕日の沈みゆくところも見えず、車窓からは、暗くて寒い、イメージに違わぬ景色が続いた。が時折、暗い雲の水平に、幾重にも重なり切れた合間から、陽光が鋭く漏れ下界を照らす光景は、宇佐かどこかの神宮に描かれていた天孫降臨の絵の背景の景色にもあったような気がした。

「木瓜の紋」は、祇園系の紋であった。その祭神は、スサノオ、牛頭天王、牛頭天王はアラシト、木瓜の紋からつなげていくと、日子坐王、天日矛とつながっていくようである。日子坐王の母方は、和邇氏である。和邇一族の古墳の上に、スサノオ、イナダ姫、オオクニヌシが祀ってあるともいう。

和邇下神社の祭神も同じである。

祇園感心院・京都の八坂神社建立のきっかけは、平安京における伝染病流行という具体的な理由からであるともいわれている。祇園祭の正式名称は、「祇園御霊会」。

そのような疫病や、天変地異の多いのは、当時の人々は、「祟り」と考えた。奈良時代末から、平安時代の初期にかけて、多くの政変があり、それに伴う、非業の死を遂げた人も続出した。その恨みを鎮め、怒りを解くために慰霊祭を行い、さらに神として祀った。これが、御霊である。より強い祟りをなした神は、厚く祀ればより強い加護をもたらす、という信仰である。

祇園信仰には、水神としての龍神信仰も、深く関わっているといわれている。興福寺の円如が、春日大社の水谷社（水谷神社）の龍神信仰を移してきたのが、祇園社の始まり、

という伝承もある

その春日大社の摂社である水谷社が祇園社とされている。

十四世紀に書写された春日大社の古社記である『春日御社御本地并御託宣記』には、四殿ある社殿のうち、第二殿の祭神を、

「薬師如来垂迹也、牛頭天王現る。頂上頭の中面、及び身は、即ち、薬師如来也。左面は、日光菩薩。右面は、月光菩薩。頂上牛頭は、妙法蓮華経」と書いてあるという。

現在、第二神は、「経津主神」とされていて武甕槌神とともに、天皇が、元旦に遥拝されるという「四方拝」で、拝礼されるという神の名前である。

藤原氏の氏神にもなっている。

鎌倉時代には、そこには、「牛頭天王」と明記されていたというのである。

摂社の水谷社が祇園社とされているが、春日大社の第二の祭神が、牛頭天王だったのだ。

龍神としても牛頭天王は、すでに奈良の都で、成立していたのかもしれないのである。

春日は、奈良市東部の古称で、春日氏は、そこを本拠とする氏族である。元は、和邇の地にあって和邇氏と称した。和邇は、奈良天理市和邇町を中心とする地域で、そこを本拠

としていた。つまり、和邇氏は、春日の地に移り住んで春日氏となっている。そこに後の、藤原氏の氏神社、春日大社が建立されて、今日に至っている、ということになる。

第二神の「牛頭天王」が「経津主」にはどういう経過で、替わったのかは知らないが武甕槌神も鎮座しているので、国譲りを迫った功神が祀られていることになる。

ここでは、朝廷が、春日の地にいた春日氏を支配下におさめ、のちに、藤原氏が氏神社として、賜ったものなのかもしれないのである。

▽ワニ

「和邇」は、『和名抄』によると、「四足がある」「鰐のこと」「亀に似ている」。

和邇＝鰐、とすれば、そのものずばりの神様がいる。こんぴらさん、金毘羅大権現である。コンピラとは、サンスクリット語のクンピーラが訛ったもので、インドのガンジス河に棲息するワニまたはサメのことだそうである。それが、神格化されて、ヒンドゥの神となり仏教に移入されて、仏教の守護神となった。いわば、ワニの神様であるが、日本に渡来して、河の神から海の神となり、さらに、船の神となった。丸金の神紋から、商売繁盛の神としても信仰されてきたというのだ。

香川県仲度郡琴平町に鎮座する金刀比羅宮の祭神は、明治維新後、大物主神。それに崇徳天皇と定められた。本来は、金毘羅大権現が祭神だった。

ワニは、皇統に深くかかわっているのである。『日本書紀』の一書に、「事代主神が、八尋熊鰐、化けて、玉櫛姫に通い、姫踏鞴五十鈴姫が生まれ、後に神武の正妃となった」（『古事記』では、事代主ではなくて、大物主）

『先代旧事本紀』では、事代主神が、八尋熊鰐に化けて、三嶋溝杭女活玉依姫に通い、一男一女を生む」

『肥前国風土記』に、「世田姫（佐賀の川上・淀姫神社に坐す）の所に、海の神（鰐）が、毎年、流れに逆らって潜い上り来る」という記事がある。

ウガヤフキアエズ尊（神武の父）を生んだ海神の娘、豊玉姫の出産の場面は、「八尋鰐に化りてはらばいし、委蛇もこよひき」』『古事記』

豊玉姫は、八尋鰐に化けて蛇のごとくうねった。

八尋とは、一尋が五尺あるいは六尺とすると、十二〜十四メートル余りの大鰐である。海神の姿そのものをワニに見立てているようである。海神の血もうけている、ということなのだろう。

『日本書紀』には、

「海神の乗る駿馬は、八尋鰐であり、その鰭を背に立てて、橘之小戸にいる」とある。

橘は、高句麗をあらわすともいう。

説話に出てくる動物たちは、あくまで、寓意モチーフであり、ときに擬人化されたり、神や、人間に姿を変えたりする。すべてが、なんらかの偶像としてのシンボル的な生きものとして、いわば、抽象的に、改変されて存在するといわれている。

そもそも、日本列島に、ワニがいたのか、という疑問もある。チョウザメのことではないか、というひともある。倭の五王が使いを出した中国の南朝（南部）には、「ヨウスコウアリゲーター」というワニが棲息しているそうである。説話では、山陰の隠岐の島に、ワニがいる。大阪あたりのある大学の構内の地層から、更新世（三〇～五〇万年前）のマチカネワニなどの化石が発見されている。人類がまだ住んでいなかったころの太古の列島には、ワニも棲息していたようである。ちなみに、「マチカネワニ」の名は、豊玉姫から命名されたという。二〇一〇年に、玄海灘付近に、シュモクザメが遊泳しているのを、福岡県警のヘリコプターから目撃されたという情報もある。

ユウコのヤタガラスの謎解きは、終わったようでもあるし、終わっていないようでもある。ここに至っては、神々の系譜の、入り込んだ謎に、迷い込んで、光のさす出口を見い出せるだろうか。

国のあるべき姿は、天つ神によって、掌握されており、それに向けて、国作りがなされる、とされているが、その天つ神の胸の内が、よくわかっていない。つまり、記紀神話の謎なのである。

◆禊と三貴神

タカミムスビの言葉に、「現世の政事は、我が皇孫が治める」「大己貴神は、幽界の神事をつかさどれ」これは、国譲りのときの言葉である。

記紀神話では、国の始まりには、多くの神々が生み出されたが、その中で、もっとも尊いのは、天照大御神、月読神、須佐之男命の三貴子である。イザナギ命が【禊】をして、左の御目を洗った時に成った神の名は、天照大御神、次に右の御目を洗った時に成った神の名は、月読命、次に御鼻を洗った時に成った神の名は、建速須佐之男命とある。

イザナギだけがかかわっている。神代のことであれ、男系を示しているようにもみえる。そして、皇統の証として、三種の神器があり、それらは、その三貴子を体現しているといわれている。すなわち、八咫鏡は、天照大御神で、伊勢の内宮（皇大神宮）。八尺瓊《ヤサカニノ》勾玉《マガタマ》は、月読命で、宮中に。草薙剣は、建速須佐之男命で、熱田神宮にそれぞれ奉斎されているという。しかし、もともとは、三種ともに宮中に鎮まっていたもので、それぞれの由緒に従って、外の鎮座地に移された。今、宮中にある鏡と剣は、天皇祭祀のための代用品で、勾玉だけが実物とされている、というのである。これら三種神器は、践祚して、新たに天皇となるときに、その証として、継承されるものであり、これなくしては、践祚できない。つまり、正しく天皇になることはできないといわれているものである。

南北朝の争乱の、三種神器をめぐっての攻防戦は、有名である。北朝側に、三種神器が移動して、はじめて正統性が保証されている。また、源平の合戦で、海に沈んだという安徳天皇が草薙剣をもっていて、現在のものは、偽物だという説もあるが、天皇として即位するということは、この天照大御神、月読命、建速須佐之男命の三神の霊威を受け継ぐということでもある、ということらしい。

三貴神のそれぞれの役割が示されている。天照大御神は、高天原を、治める。月読命は、夜之食国《ヨルノオスクニ》を治める。建速須佐之命は、海原を治める。

天照大御神の子孫が、すなわち、神武天皇に繋がっていくのである。この三貴神は兄弟関係なのであるが、ツクヨミ、スサノオの二神は、その後、どうなっていったのか、が明らかになれば、皇統の秘密、あるいは、天つ神が意図した国造りのかたちになったのかどうかが、わかってくるかもしれない。

▽ 天照の系譜

天照大御神の直系については、『記紀』に記すとおり、あまりにも有名で、いろいろな物語も記されているのだが、両者にわずかな違いもある。その系譜を簡単にたどってみよう。

アマテラスの子、天忍穂耳命と、高皇産霊神の娘、栲幡千々姫との子がニニギ命。ニニギと大山津見神（山神）の娘の子が、彦火火出見尊（山幸彦）、その兄が、火照命（海幸彦）である。彦火火出見尊は、大綿津見神（海神）の娘、豊玉姫を娶り、その子が、ウガヤ葺不合尊。ウガヤ葺不合尊と、海神の娘、豊玉姫の妹、玉依姫の四男が、神日本磐余彦、つまり、神武天皇となっている。

山と海の神の血をうけたニニギの系譜が、神と人をつなぐ日向三代の神話といわれるもので、永遠万能の神から、人間的存在の天皇へ、つなげる役割りをもつといわれている。いわば、この世の地上支配者としての正当性を確立しているという。

▽ 月読神

月読尊についての系譜は、三貴神といわれるにもかかわらず、記されている記事はわずかである。

イザナギ命は、月の神を生み、その光の輝きは、日と並んで統治すべきとして、天に送った。また、『日本書紀』第一の一書によると、イザナギ命が、白銅鏡を右手に持った際に生まれた。その鏡を、左手に持った際に、アマテラスが生まれている。伊勢の内宮のご神体である八咫鏡は、白銅鏡であるともいう。

さらに、第五段第十一の一書では、前記、三貴神の役割分担が示されている。アマテラスは、ツクヨミに、保食神《ウケモチノカミ》を見てくるように命じた。保食神の許に、降りてゆくと、保食神は、口から、飯や海産物や鳥獣を出し、これらを百机に並べて饗応した。ツクヨミは、穢らわしい、いやしい、口から吐き出したものをわたしに供するとはなにごとか、と怒って、剣で、切り殺してしまった。この報告をうけたアマテラスは、おおいに怒り、「汝は、悪い神だ。もう二度と会わない」として、昼と夜とを隔てて住むことになった。後に、アマテラスが天熊人に見に行かせたところ、保食神は、確かに死んでいたが、その頭に牛馬、額には粟、眉の上に蚕、眼の中に稗、腹の中に稲、陰部に麦、大豆、小豆が生まれていた。天熊人がすべて持ち帰って奉ると、アマテラスは喜び、「これこそは、民の食物である」といって、粟、稗、麦、豆の種子とした。その稲を、天の様々な水田に植えたところ、八握ほどにも大きく実り、すばらしい収穫であった。また、口に繭を含んで糸を紡ぐことを始めた。これが、養蚕のはじまりである。

『但馬国司文書』では、オオナムチの勅をうけて、天火明命は、高天原から籠神社に天下り、三丹地方を廻って、五穀栽培や養蚕を広めた、という。

『古事記』では、この食物起源の神話は、スサノオの神話になっている。『古事記』では、食物神は、大気都比売という。ツクヨミとは、無関係の話になっているが、類型が、共通する部分があるので、もとは、いずれか片方の神話であったものが、もう片方の神話とされてしまったという説もある。もしそうだとすると、月と生物との関わり、海の干満など、由縁はツクヨミにありそうであるが、海原を治めるのは、スサノオとされている。『日本書紀』ではツクヨミが海原を治めると記すところもある。

ツクヨミとスサノオは、一体だともいわれているのである。「夜の食国」文字通りの働きのようでもある。

『先代旧事本紀』には、イザナギ尊が御身をすすがれたときに三柱の神が生まれた。左の御目を洗われたときに成るところの神は、天照太御神と名のる。右の御目を洗われたときに成るところの神は、月読命と名のる。……中略。……五十鈴川の河上に並んで坐す、伊勢に斎き祀る大神という。

「アマテラスが本宮に、外宮には、ツクヨミが並んで坐す」とうけとれるが、実際には、外宮には、「豊受大神」が鎮座している。

なぜかというと、伊勢の皇大神宮の鎮座にあたって、天照大神の意向で、豊受大神を「籠神社」奥宮の真名井から連れていった。〝丹波の真名井〟という話はよく知られている。

籠神社の宮司は、「海部氏」。この氏の系図は、国宝になっている。海部氏は、またの名は尾張氏である。あるいは、分家を尾張氏といい、尾張の熱田神宮の宮司である。そうしてみると、熱田神宮は、籠神社、「豊受大神」とつながっている。

伊勢神宮では、本来、月読命が居るべき、と想定されるところにいる神である。

尾張氏、あるいは、海部氏の祖先は、「天火明命」という。

『古事記』あるいは『日本書紀』一書、第十八では天忍穂耳命と栲幡千々姫の子となっており、ニニギ命の兄弟にあたる。

『日本書紀』では、天忍穂耳命と栲幡千々姫の子は、ニニギ命と、ニギハヤヒである。ニギハヤヒの子は「ウマシマジ」であるが、天上において、天道日女命を娶って生じた子は、「天香語山命」、別名「高倉下」。その子が「天火明命」であり、尾張氏の祖である。

尾張氏は、熱田神宮の系譜につながる。

熱田神宮に、**【草薙剣】**が奉斎されている。本殿に所蔵されていて、宮司以外は、見ることができない。石上神宮の「七支刀」そのままというううわさがある。

熱田神宮は、元、出雲にあったという説もある。

草薙剣は、スサノオが八岐大蛇《ヤマタノオロチ》、つまり、「大蛇」から取り出した剣であった。

【蛇】は、大物主ではなかったか！　大和の大神神社にまつられている神である。大神神社には、今でも、蛇の好物のタマゴなどを供える、という。

崇神天皇のオバ、にあたる、倭迹迹日百襲姫命《ヤマトトトヒモモソヒメノミコト》の許に、毎晩通ってくる神の正体が、「蛇」であったことに驚いて、姫が叫んだため、大物主《オオモノヌシ》は恥じて、三諸山（三輪山）へ登ってしまう。ヤマトトトヒモモソ姫は、驚いて、尻もちをついた際に、箸で、女陰を突いて、死んでしまう。埋葬された墓が、「箸墓」である。

大物主神は、ニギハヤヒにつながる、ということは、神武の正妃の、大物主の娘ヒメタタライスズ姫は、つまりニギハヤヒ系の娘ということになる。（事代主の娘、とするものもある。）『古事記』

（神話の時間軸は神話的、必ずしも現代風ではなく、前後左右にぶれていることもある）

ニギハヤヒは、死すと、「天上に引き上げられた」。

その後、崇神天皇の時代になると、災厄が続くので、占わせたところ、大物主の祟りであった。その子孫である、大田田根子に祀らせよ、との神託があり、祀ったところ、鎮まった。これが、現在に続く大神神社である。

子のウマシマジは、神武の勢力が東征してこなければ、このオオヤシマを治めることになったのかもしれない。ウマシマジは、役割を終えると、石見に逼塞したといわれている。

神武東征に際し、神武を助けたため、その功績が認められ、「布都御霊剣」を賜り、ヤマト建国ののちは、尾張氏の祖、天香語山命とともに、兵を率い、尾張、美濃、越を巡り、平定したという。天香語山命は、越に止まり、この地の開拓を行なった。ウマシマジは、播磨、丹波、石見の国を平定し、石見の八百山がヤマトのアスカの天香山に似ているところから、その山のふもとに居を構えた、という説もあるのだ。このことが、逼塞、ということなのかどうか。

以後、ヤマトの政権に、関わらなかったということなのだろう。

熱田神宮の神紋は、桐と【竹】であった。桐は、皇室の紋でもある。その紋を持つだけの謂れがあったのだ。（後世、五三の桐という紋は、誰でも用いることができるといわれているが）

▽　竹取物語

「竹」は、月読命の「月」とかければ、『竹取物語』がうかんでくる。

この物語のあらすじを思い出そう。

かぐや姫は、竹取の翁に、光り輝く竹のなかから拾われて、美しい娘に成長した。その間、翁の家を豊かにし、美しさは、たとえようもなく、その評判は、帝の耳にも達していた。

しかし、かぐや姫は、言い寄る貴人たちに無理難題を押しつけ、斥けた。帝からの入内の要請も断った。そのうち、月の都の天人たちが、かぐや姫を連れ戻しにくる。迎えの天人が、「天の羽衣」を着せようとすると、かぐや姫は、「天の羽衣を着ると、人ではなくなってしまう」といって、羽衣を着て、この世の人ではなくなってしまう前に、どうしても、このことは言い残しておかなければならない、といい、

「いまはとて、天の羽衣きるをりぞ、君をあはれと思い出でぬる」(いまは、これまでと思って、天の羽衣を着るにあたり、帝のありがたさをしみじみと感じております)

あはれ、とは、めでる、いとおしむ、ひどく悲しく思う、同情する、いたましく思う、というような意味もあって、単なるありがたみだけではない、いわゆる帝を「あはれ」と万感をこめているようにも受け取れる。

かぐや姫は、これを紙にしたため、不老不死の薬を帝に残していってしまう。のちに、帝は、「かぐや姫に会えないこの世で、なぜ、不死身の体が必要だろうか」と嘆いて、薬を焼いてしまった、という。

かぐや姫も「穢き世」といって、天に上っていった。

「ニギハヤヒは、死ぬと、天上に引き上げられた」ということに通じるような気配もある。

竹取じいさん竹の薮、光輝く竹切れば～可愛い、赤ちゃん、生まれ出た、～これこれごらんよばあさまよ～幼稚園の、楽しいお遊戯の歌に、じつは、当時の世相をも映し出した深遠な歴史の物語が隠されていた……。

話は、記紀が編纂された時期と同じ八世紀、藤原氏全盛の時代に設定されているが……。物部は、滅んだ後である。

聖武天皇は、藤原氏の台頭を歓迎していないようである。そして、その娘、称徳天皇は、「道鏡」を新たな天皇に擁立しようとした。和気清麿が、宇佐神宮の託宣を受けて、阻止することができた。仮に、道鏡が即位すれば、皇統の万世一系が壊れる。「このことが、不老不死の薬を焼いた、というたとえ話の中に反映されているのかもしれない。」

道鏡は「称徳女帝の寵愛をうけて、法王に任じられた。権勢を誇ったが、失脚後は、庶民として葬られているという。

弓削」という姓からすれば、物部氏なのである。道鏡の素性は、河内国若江郡弓削郷（大阪府八尾市）の豪族弓削氏出身といわれている。弓削氏は、その北方、渋川郷を本拠とする軍事氏族物部氏の配下で、弓を製造する部の伴造。

ニギハヤヒを奉斎する物部氏に連なる一族のようだ。女帝に近づき、帝位をねらう人物といえば、それなりの血統と功績がなければ、この時代において、なおさら、野望さえもてない時代である。女帝の寵愛でどうにもなるものではないだろう。道鏡は、聖武の弟、あるいは、新羅の孝成王という、奇説もある。

▽ 天の羽衣伝承

『丹後国風土記』逸文、「天の羽衣」伝承もなにか示唆的、寓意を内蔵しているようにみえる。

比治の真名井で沐浴していた天女八人のうちの一人が、木の枝にかけておいた天の羽衣を、翁に奪われて、空を飛ぶすべを失い、天に帰れなくなった。これが、豊宇賀能売命（豊受大神）で、万病に効く薬を作って、翁の家を豊かにした。ところが、その後、翁は慢心し、豊受大神を放逐する。裏切られ、恨みを抱いた豊受大神であったが、やがて奈具の村に至り、ようやく心が落ち着き、この地に留まった、というのである。

ニギハヤヒの子、ウマシマジは、その存在の並大抵ではなかったことが、窺い知れるところがあるが、後には、石見に逼塞したといわれる。ニギハヤヒは、天上に引き上げられたが、ウマシマジは、「天の羽衣」を失ったのだろうか。地上に留まり石見に逼塞したという。あるいは、天香語山命も同じように、越に留まった……という。

つまり、羽衣は、天人、いわば神、月の世界の人、あるいは、地上に福をもたらす人、を象徴しているのではないか……。

その証拠に、というか、意外にも……というのか。

天皇即位時の儀式「大嘗祭」では、天皇はまず【天の羽衣】という湯カタビラを着けて沐浴を行なう。そして、その瞬間、天皇は、人ではなくて、「現人神」になる、というのである。天の羽衣の役割は、「竹取物語」においても、同じような役割を持っているかのようである。

ウマシマジ、あるいは、天香語山命は、その衣を奪われて、天に帰れなくなり、石見に逼塞、あるいは、越に留まった、のかもしれない。


お話は異なるが、百済の近肖古王は、百済を強国に押し上げた名君といわれる。『日本書紀』にも顔を出す。建国以来、最大規模の領土を有し、中国大陸とも交流を深めた。先進の文物を積極的に取り入れ、朝鮮半島で、いち早く漢字や、仏教の素養を高めた。優れた軍事指導者であり、経済・文化面でも功績があり、その影響は、やがて日本にも（まだ日本といえる国家は、形をなしていなかったのであるが）波及するようになってくる。

近肖古王が、本当に、ニギハヤヒとすれば、子の、侯王？　であった近仇首王が、ウマシマジを体現している。とするならば、彼は大いなる実績をあげたのかどうか、列島での覇権を掌握できず、石見に逼塞した。その後、その後裔も、登場しない。半島に渡ったのかもしれない。従って、この系統の公の系譜は消えた。

三貴神の一人月読命の系譜が、記紀に記載がないのは、そのような、記載されない事情があったのだろうか。

高良の祭神は、独自の系譜によると、「月読神」であった。「隠神」になったのは、天平勝宝元年、年代もほぼ同年代、宇佐と道鏡と高良と新羅の関係を洗い出せば、なにがしかの謎が解けそうにもある。

しかし、めぐり巡って謎解きをすれば、日の神、アマテラスの直系、神武の妃になった媛踏鞴五十鈴姫《ヒメタタライスケ》は、月の神？　ニギハヤヒ系の娘であるから、（高良の系譜では物部は、日神である）日・月を体現しているのが、皇統となっている、ということになるのだ。さらに、ニギハヤヒは、大物主ともつながってくるのだから、三輪山に祀られて、今日に至っているということにもなるのである。

▽　スサノオ

スサノオの妃は、大山祇神（山神）の子、神大市比売、同じく足名推、手名推の娘（大山祇の孫にあたる）櫛稲田比売、である。その六代の後裔になるのが、大国主、または、大穴持、大己貴ほか、いくつかの名前がある神であった。

大己貴神の妃が、スサノオの娘、須勢理比売、それに、宗像の女神、八上姫である。スサノオの娘が、六代後裔の大国主と結婚していることになるので、このあたりの時間軸は、あいまいで、神話的というのだろう。大国主の子が、事代主、建御名方、ほかの神である。

記紀でみるかぎり、出雲の神は、国つ神とされているが、スサノオは、高天原から追放されて、出雲の神になっているということからすれば、アマテラスと同じく天つ神なのである。

櫛稲田比売とは、スサノオがヤマタノオロチを退治した後の妃である。

例によって、征服した証でもある。その子の名は、清湯《スガノユ》山主《ヤマヌシ》三《ミ》名《ナ》狭《サ》漏《モル》彦《ヒコ》八《ヤ》島《シマ》篠《シノ》である。「篠」という文字は、小さい竹、ささの意味である。

つまり、蛇、竹に象徴される族の櫛稲田姫が母系であるから、スサノオ以降の後裔は、ツクヨミ、つまり、大物主系の血筋が母系になっているということになる。

そのことは、大国主（大己貴）から国譲りをされた方の神は、スサノオの妃になった櫛稲田姫と同系統のようである。

いわば、異民族による「簒奪」ではなくて　同族の、異系統による「譲り」になっているのだ。

月読系

籠神社・熱田神宮、尾張氏、豊受神、天火明命、祖先は、大物主、ニギハヤヒ、物部の祖（高良大社？）

その子、大田田根子　子孫、加茂氏

神産巣日神の孫、鴨建津之命（ヤタガラスに成り代わる）、末裔、加茂縣主との「加茂」の先祖は、別系統のようにみえるが、神武東征の折には、一方は、禅譲し、他方は、道案内をしている。神産巣日神の子は、少彦名神で、大国主とともに、国をかためた神である。その神の子、つまり、孫であれば、国の地理にも通じていたのではないか？　道案内には、適任のように思われる。少彦名が常世へ去った後の協力者が、大物主である。同じく国を造り固めた神の両子孫が、加茂氏である。とは、つまり、協力関係になっている。

加茂の葵祭前夜の「御阿礼」祭は、対馬の「御阿礼」に通じる。

この両「加茂」は、もとは同じなのである、神産巣日神・月読・大物主は、つながる。出雲に祭神を「少彦名」とする「前神社」があった。社の跡は、竹薮が鬱蒼としている。

スサノオ系

スサノオ、子孫、大己貴（大国主）

日子坐王は、大国主

日子坐王は、和邇氏が母系

天日矛は、アラシト＝スサノオ

スサノオの妃、櫛稲田姫は、大物主系であるから、その子孫は、両系統の血筋となる。『古事記』に、「大国主が、大物主を祀る」このフレーズだけからいえば、【大国主と、大物主は、別】なのである。そうであれば、前に、はるか後世の覇者、織田と徳川は、神代の遠祖がつながってくる、という、ファジイなお話も、なりたたなくなってくる、がまだわからない。

『日本書紀』によると、大国主は、「この国を平定したのは、この私ただ一人である。私といっしょに天下を治める者は、思うにいるだろうか」といわれた。その時、あやしい光が海を照らし、忽然と浮かんでくる者があった。そして、「もし、私がいなかったら、あなたは、どうしてうまくこの世を平定できたであろうか、わたしがいたからこそ、あなたは、国を平定するという偉大な功績をたてることができたのだ」といわれた。そこで、大己貴（大国主）は、「ならば、あなたはいったい誰だ」といわれた。答えて「私は、あなたの、幸魂、奇魂である」といわれた。大己貴は、「確かにそのとおりだ。あなたは、私の幸魂・奇魂であることはすぐにわかった」。

つまり、二柱の神は、本来同一の神で、属性が違うという、ややこしい、人にはわかりにくい関係のようにみえるが、実は、大国主には、大物主の血も流れているのだ。

大物主は、大国主に、「もし私がいなかったならば、おまえは、国を造ることはできなかった。私がいたから、国造りという大業ができたのだ」と言っている。このことばは、少彦名の父の神産巣日の言葉ともとれる。

さらに、続けて、「今、どこに住みたいと思うか」といわれると、「私は日本国の三諸山に住みたいと思う」といわれた。そこで、その神の宮殿を三諸山に造営し、そこに住まわせた。これが、大三輪の神である。

第十代、崇神天皇は、「ヤマトをなした神」ヤマトを造り上げた神と謳い上げている。ヤマト建国の前にヤマトに舞い降りてきていたのが、ニギハヤヒ命である。その後に、神武が九州から東征してきたということになる。(『古事記』では、後となっている)

大国主が登場する説話、「因幡の白うさぎ」を思いだしてみよう。

白うさぎがうそをついて、ワニに噛まれて赤裸にされ、通り掛かった大国主に助けられた話である。

白うさぎは月に住む神、とすれば、月読系が、ワニに負けたのだが、また蘇生している。大国主はあわれがり、大物主を祀ったのだろうか。

大国主＝大己貴と、国を経巡って、国造りをしたのは、『日本書紀』では、事代主となっているが、『古事記』では、少彦名命である。この神は、その後は、常世国へ行った。少彦名命は、神産巣日神の子とされる。

国造りは、大国主＝大己貴だけではなくて、神産巣日神の子、少彦名とともに行なっている。ということは、月読系を、スサノオが征服し、また、月読系と協力して、国造りを行ない、ほぼ出来上がった国を、月読系が譲りうけ、さらにそれを、アマテラス系に禅譲している。アマテラス系に、スサノオ、月読、両系統が、婚姻の形で、入り込んでいる。


神代以降の系図に当てはめてみる。

五代孝昭と、尾張連の祖との間の子が、六代孝安と、その兄、天押帯日子である。

この天押帯日子が、和邇氏の祖とされる。

九代開化と物部系の伊迦賀色許売命が崇神天皇、開化と和邇系の日子国意祁都命の妹、意祁都姫との子が日子坐王である。開化は、春日の伊耶河宮にいるので、日子坐王のほうにいると思われる。開化の御世に、和邇の地から春日に移ったのかもしれない。


崇神天皇は、御肇国天皇《ハツクニシラススメラミコト》、神武天皇の始馭天下之天皇と同じ名で、同一のものを二つに分けて、記述されたともいわれている。垂仁・景行・成務・仲哀と続くが、仲哀は、景行の子、倭建命の子となっていて、実在したのかどうか、存在感のうすい天皇、という説もあるが、熊襲と戦って亡くなったという場所に実際、神社が存在する。西向きの式内社である。（前述）

一方、和邇につながっている日子坐王の系統であるが、垂仁の時代、日子坐王の子、沙本毘古の反乱が制圧されている。同系統の天日矛が、神宝を持って、新羅からやってきている。天日矛は日子坐王と重なる部分がある。この系統の後裔に、神功皇后がある。

崇神の母系は、物部氏、そして、系図のうえでは、直系である仲哀との子が、応神天皇である。

▽ 神功皇后の存在

応神は、神武、崇神、と重なるという説がある。三者は、「神」の字のつく称号を持つ。神功皇后も「神」の称号をもち、『日本書紀』では、天皇ではないが、一代記がある。女帝ではなく、皇后である。夫の仲哀の功績と、なぜ物語らなかったのか。

「国生み」の折は、女の方から先に声をかけた故に、やりなおしが行なわれた、というほどに、儒教的、男尊女卑の思想が背景にあって、記されたといわれるにもかかわらず、母としても、この皇后の扱いは、別格なのである。

謎解きをしてみよう。

崇神は、出雲から、神宝を奪い、垂仁は、天日矛の神宝を、子孫の但馬の清彦より、献上させた。
王権は、間違いなく、崇神の系譜に受け継がれていくが、成務、仲哀あたりになると、事績も少なく、影の薄い存在にみえてくる。一方、神功は、日子坐王の六代目の後裔にあたる。崇神系と並んで、開化と、和邇氏との間の系譜でもある。
仲哀と神功を結ぶことにより、両統が合一する。(一方は、皇統ではないが、開化から、並立的に続く系統である)
神功は、応神をお腹に宿しながら、三韓を征伐する。ゆえに、応神は、胎中天皇ともよばれ、生まれ乍らに「三韓を従える」天皇である。三韓との力関係の逆転を暗示している。
国内では、熊襲や、土蜘蛛を平らげる。
この輝かしい経歴と血筋に仕立てた女性を、皇后ではなくなぜ女帝としなかったのだろうか？ それは、皇后自身ではなく、影が薄くても、男系の天皇である仲哀と結んで、神功の血筋と事績を体内に取り込んだような皇子を誕生させることに意味があったのである。【応神は、三韓の王、も従えている。】
盤石な万世一系の皇統の証明、流れに際立つためには、神功の皇后である、その位置が重要であったと思われる。崇神の後裔と、皇統と平行して続く、開化のもう一方の系統との合一、ここに女帝ではなく、輝ける皇后としての、神功皇后をもってきた意味があるのではないだろうか。

その神功の出身家系の、その後は、どうなったのだろう。

象徴的な記事と思われるのは、前述しているが、「諸県君牛が、年老いて、宮廷を辞し、娘で、天下一の美女の誉れ高い「髪長姫」を献上した」という話に象徴されていると思われる。また気比大神の話も、寓意的である。

「敦賀の伊奢沙和気大神之命が夢に現われて、「私の名をもって、御子の御名に替えようと思う」「明日の朝、浜に御出でになるとよい。名を替えたしるしの贈り物を献上しよう」とあった。その朝、浜に行ってみると、鼻の傷ついた入鹿魚《イルカ》が浦一面をうめつくすように浜に寄っていた。これをみて、御子が、「神は私に食料の魚をくださった」といった。それで、また、神の名を讃えて、御食津大神と名づけた。それで、今に、気比大神という」

御子は応神である。「鼻の傷ついた入鹿魚」をどう読み解くか。

入鹿魚は、「鹿」を象徴しているのではなかろうか。髪長姫の話にでてくる「鹿の皮」の鹿と同じく、元、王位、あるいは、それと同等の地位であったことを表すと考える。そして、鼻の傷ついた、というのは、神話の中で、「御鼻を洗いませる時に成りませる神の名は、スサノオノミコト……」。

鼻が傷ついて、食料になって、というのは、スサノオ、つまり、日子坐系の王統は壊れ、応神にすべて吸収されたことを象徴している、というふうにも解釈できる。

応神といえば、八幡である。三つ巴の神紋は、三つの鞆を一つ円に合わせた紋、韓国古代ドラマで、誰かが持っていた旗印のようでもあるが、ここで辻褄をあわせれば、三貴神がひとつに合わさって、三つがひとつになっていることを象徴するのでは、という解釈も生じる。

同じ神紋をもつ神社は、宇佐八幡、岩清水八幡等と同じくあの三輪山の大神神社、鹿島神社、香取神社などであった。大神神社に注目するならば、大物主系、神産巣日系につながる。

『古事記』の酒楽の歌をみてみよう。

神功は、御子、応神が帰り上ってこられる時に酒を献上しながら歌う歌詞の中に「この御酒は、御酒をつかさどる神、常世にいらっしゃって、岩神として立っていらっしゃる【少彦名】が祝福のために踊り狂って醸し踊り廻って醸し献上してきた御酒です。一気にお飲みください。さあさあ）

葦原中国の平定にかかわった高御産巣日、神と同じく別天つ神である神産巣日神系の意を受けた応神ということになる。少彦名は、神産巣日神の子である。（『古事記』では）大国主（大己貴神）とともに、この国を造り固めた神であった。

建武二年二月十一日に、後醍醐天皇は「韓神祭り」という宮中行事を行なった。宮内省

に祀られていた神、「大己貴」と「少彦名」である。（中世以降は衰えたといわれる）
つまり、応神は、勿論、アマテラスの直系にあたるのであるが、大物主も、神産巣日の系譜も受け継いでいることをうたっているようにみえる。
さらに神功の血をうけ、気比神宮と名を交換した話から、スサノオの血脈も嗣いでいる。三貴神すべての系統を一つにしているのが、応神なのである。

ここで、問題になってくるのは、神功は、実在したのだろうか、ということである。神功の腰掛け石まで、各地にあり、二十一世紀の現代の普通の地図にまで掲載されるほど、伝承に威力？　ありなのである。応神も、様々な説があるのだから、まして、神功は、誰をモデルにしたのか、ということについて、古来、卑弥呼説、天照大神説などが知られている。卑弥呼は独身であったし、天照大神は、一応女神であるが、神生みのかたちも異なるし、三韓征伐の話もなく、いずれにしても、決め手を欠く。宮廷で、神話に登場する重要な神を「韓の神」として祀っていたという話が本当ならば、韓半島あたりまで、モデルを探しても、おかしくないだろう。ユウコはそう考えて探してみると、やっぱりいたのである。

名は、「召西奴《ソソノ》」。突然何のことかと思われる向きもあるだろうが、いまどきの韓流ドラマにも見惚れるほどの美貌で登場した。神功の母親としての役割、三韓を従える話。熊襲征伐などには、自ら、剣をかざす、弓馬の道にも長けていたであろう人物。古代の韓半島の王、女王は、自ら、最前線で、戦っている。

単細胞のユウコのアタマも、分裂気味、少し前までならば、考えもしなかったことを想像する。

ソソノ（召西奴）とは高句麗初代王、朱蒙の妃である。百済の始祖、沸流王と、その弟にあたる温祚の母である。卒本扶余の延陁勃の娘。北扶余王・解扶婁の庶孫、優台と結婚するが、死別の後、ソソノは、二人を連れて卒本に帰った。

朱蒙は、北扶余王に疎まれたため、漢の建昭二年（前三七）二月、卒本に逃れて高句麗を建国し、ソソノを娶った。ソソノは、朱蒙に協力し、朱蒙は、沸流、温祚を実子のように慈しむ日々であったが、朱蒙が、まだ北夫余にいたころ、礼氏との間にもうけた瑠璃《ルリ》が、卒本に来たので、朱蒙は、その子を太子に立てた。ソソノは、沸流を王として、弟の温祚と、一族郎党を引き連れて浿水・帯水を渡り、弥鄒忽に上陸した。国見に登った負児嶽で、兄弟は別れる。弟は山の手を選び、兄は海岸を選んだ。海辺を選んだ沸流百済宗家と、山辺を選んだ温祚百済分家に別れることになる。この百済の兄弟王の系譜が、日本の皇統に投影されている、という説がある。海幸彦、山幸彦も二人の兄弟である。

百済の始祖は、もう一人、高句麗王、東明の子孫にあたる仇台説もあるが、はっきりしていないところもあるらしい。

つまり、ソソノは、高句麗の始祖、東明王（朱蒙）日本の神話では高御産巣日《ミムスビ》命に擬される神の妃である。神功物語のモデルとして候補の一人に挙げてもいいだろう。

神話の成立は、八世紀、百済の亡命貴族も多く編纂事業にたずさわっているので、その歴史が色濃く反映されているという説がある。また天武天皇の世界観が反映されているともいわれている。

▽ 大嘗祭

天皇家の大嘗祭の祭神は不明とされているそうである。

大嘗祭と、東盟祭が、よく似ていることは、指摘されている。さらに、伊勢神宮の祭りと、大嘗祭は相似形ともいわれている。

大嘗祭の祖形が、東盟祭といえるのかもしれない。大嘗祭も今の形に至るまでには、様々な変遷を経ているともいわれているのである。百済の沸流と温祚の父は、東明（高句麗の朱蒙）といっても、差し支えない関係なのである。

このような推察が許されるならば、大嘗祭における、「由基殿」「主基殿」というのは、「沸流の宮」と、「温祚の宮」をあらわしているのではなかろうか。そのように推察していくならば、伊勢の内宮・外宮の関係もそのような関係のようにも思えてくる。

国譲り、神武の東征の物語も、主役の面々、いや神々は、同族であるからこそ、「禅譲」

という形での交代に仕立てられたのかもしれない。中国のように、王朝の交代は、他民族の支配に替わることでもあって、国号まで替わる、易姓革命といわれる交代とは、違ってきている。

伊勢神宮の内宮・外宮の二十年に一度の遷宮が行なわれ、心の御柱はそのまま次の遷宮まで生かされており、次の遷宮で、取り替える。ほりだされた古い心の御柱は、内宮と外宮の中間に、神職のみによって、深夜の秘儀として、埋葬されるという。つまり、ひとつの心の御柱の寿命、耐用年数（という表現が的確であるかどうか不明であるが）

これは、皇統の系譜の有り様を象徴しているのかもしれない。つまり、本来同じ系譜であるが、二つの系譜があって、一系に統合されるまでは、相互に交代があった。それをおよそ一代、二十年毎に交代、引き継ぎつつ、新しく再生していくことの繰り返されるさまを示しているのかもしれない。二は陰と陽が合わさって、新しいものが生まれる。その十の繰り返しのあと、である。古代の信仰における神の有り様は、「輪廻」を象徴している。「再生による永続」は、日本文化の根源の思想ともいわれている。

ユウコは最近、久しぶりに安芸の宮島を訪れた。

その昔は、神の島として崇められた。観光客がひしめいている日であった。

海上社殿は、平清盛が造営した。平家滅亡の後も、毛利元就や、豊臣秀吉らに保護されて、今に至り、世界遺産となっている。背後には、低くなだらかな幻想的な山々が連なっている。地元には、厳島神社や山に、手を合わせる風習が残るという。朱色の大鳥居が海に浮かぶ有名な光景である。

汐満ちて鳥居の霞む入江哉　　子規

なぜ海上に鳥居を造ったのだろうか。

しばらく歩いて朱の大鳥居を横から見ると、鳥居の上部の「笠木」の両端の左側（神宮を背にして）に黄金の「三日月」の絵が見えた。反対側には、同じく黄金の「日」が描きだされている。

日と月。それが海に浮かぶ、神の島。あら、これは、日と月、それに海の神、この国の神代の三貴神ではないか……。

『淮南子』によると、原初、宇宙は、天地未分化の混沌たる状態であったが、この混沌の中から光明に満ちた、軽い澄んだ空気、つまり「陽」の気がまず天となり、次に重く濁った暗黒の気、すなわち「陰」の気が沈んで地になったという。この「陽」の気の集積が「火」となり、火の精が「太陽」となった。一方、「陰」の気の集積は「水」となり、水の精は「太陰」つまり「月」となった……有名な中国の宇宙生成説話であり、それを参考にして『古事記』の序文が書きしたためられたのではないかといわれているが、そのような幻想が浮かぶような自然の気が、そのむかしより色濃く感じられた、いわば斎く島であったのかもしれない。

袞竜《コンリョウ》の御衣の十二章の模様にも日、月、水蟲（海）があった。

元来、日本古来のものではなく、古代中国皇帝の服制の踏襲であった。古代中国の国家統治の要諦、あるいは、政治理念というものがあらわされていた。

祭祀と国防である。祭祀の根源にあるものは、「敬天愛人」ではなくて、「敬天崇祖」つまり、天を敬い、祖先を崇拝する。祖霊は、穀霊でもある。

このことを、外にあらわすものは、礼楽、衣冠文物制度とされていた。

したがって、礼の実践においては、衣冠の制にまさるものはなく、『易経』繋辞伝にいう、「黄帝・尭・舜・衣裳ヲ垂レテ天下治マル」とは、この間の事情を物語るものといわれている。天子の衣裳、とりわけその礼服、祭服には、模様によって、その理念が具体的、具象的に示されていたから、それはまさに、華麗で最大の王権の表象、レガリアとして、受け取られるというのである。他に、「公平無私」「日照降雨」「五穀豊穣」「勧善懲悪」などの諸徳をあらわすことも、示されているが、最も尊貴なものは、日月星辰が十二章中の精髄といわれている。

日は左肩、月は、右肩、にある。星辰は、中国の皇帝の袞衣には、左袖に北斗七星、右袖に、織女星がおかれている。

百済の王宮にあった袞竜《コンリョウ》には、北斗七星は背筋の上部、中央にあった。日本の聖武天皇の御衣は、正面だけで、後ろの絵図は不明なのであるが、孝明天皇の御衣を、写真で見ると、同じく、和服でいえば、後ろの紋の位置にある。百済で見たものの方が、それは、小ぶりに描かれている。織女星は除かれていて、北斗七星のみで、百済のものも同じである。

中国皇帝の袞衣を踏襲しているはずであるが、その部分だけが、異なっている。このことは、単なるデザインの相違に止まらない重要な意味があるといわれている。

すなわち、吉野という人の説によれば、祭服における北斗七星の位置の相違は、両者間における祭祀に対する意識の差をあらわすもの、としてうけとれるという。

中国皇帝は、日月星辰の三者のひとつとして、星辰の代表としての北斗と織女を両袖につける。しかも、北斗の本性である「農事主」を重視し、織女と組合せて宗廟祭祀の神髄である、「天子親耕・皇后奉織」の表出がそこに強調される、といわれている。

ユウコは、現在でも、天皇が長靴をはいて、「お田植え」をされる。皇后が、蚕の世話をされる様子がテレビに映し出される、あの行事は、その名残りなのだろう。というより、衣、食、という、太古より現在まで、人の生存に欠かすことのできないものの根源を絶やすまいとの垂訓のようなものだろうと思っている。

「宗廟祭祀権は、最高司祭者である皇帝の、このような王権の表象ともいうべきものが、袞衣の上に示されており、中国皇帝の祭服には、最高司令者の立場を厳守し、その責務遂行を貫き通す姿勢が打ち出されている。

それに対し、日本の天皇は自身が、宇宙神、北極星の化身であるとの自覚のゆえに、北極星と相即不離の宰相・帝車・神饌の入れ物としての北斗を、袖の上のような遠方に離しておくことはできず直接、背に背負うのである。

大嘗祭は、神饌の奉奠を第一義とする。北斗の斗は、食器であり、ここに供された神饌が、三位一体の太一・天照大神・天皇に届く。天皇は、祀るものであると同時に、祀られる。礼服の背の北斗は、その様相を如実に示すのである。すなわち袞衣の着用によって、北斗をその背に背負う天皇は、北斗を宰相とし、輔弼とする天上の北極星の有り様を地上においてさながらに擬き、さらには北斗の斗を通して神饌を提供される立場にあるものでもあることを顕示する。

大嘗祭は、天皇親祭の祭りであるにもかかわらず、天皇は、同時に万世一系の天皇霊の継承者として、被祭祀者の立場にもあるわけである。

天皇の礼服は、真相を文字の陰に奥深く隠蔽する多くの文献よりも、はるかに簡明素直に隠された大嘗祭の意味を無言のうちに明示している貴重な物的証拠ではなかろうか。」という考察がある。

▽太一について

伊勢の皇大神宮別宮伊雑宮御田植神事という行事が毎年六月二十四日に行なわれる。この神事には、神田西側の畦に差し立てられる「大翳《オオサシハ》」というものが、特に注目である。これは、長さ九メートルほどの青竹の先端に、巨大な団扇と扇とを取り付けたものである。その上方の団扇には、日月が描かれ、下方の扇には舟の絵と共に、「太一」の二字が大きく墨書されている。

この大翳は、この神事の役人、つまり、早乙女と立人の男女が互いに手をとって、苗代を三周して、早苗をとった後、引き続き行なわれる【竹取神事】において、神田の中心に向かって引き倒される。神田に引き倒されたこの大翳の団扇と扇は、二つながら、近郷の青年達によって、争って奪い取られ、ズタズタにされるが、その破られた団扇や扇の紙の断片は、御神符として持ち帰られ、漁民は、それを舟霊様に供えて航海安全と豊漁を、農民は、神棚に供えて五穀豊穣を祈るという。

つまり、大翳の扇に墨書された「太一」は〈皇大神宮の祭神・天照大神を表す〉ということになっていて、この大翳はそのままで神体として受け取られ、その団扇や扇の断片に至るまで、それを祀れば、ご利益があると信じられている。

皇大神宮の神事に、「太一」がみえるのは、伊勢宮の神事に限らない。遷宮に先立つ、杣始祭りに際しても「太一」の幟が祭場に立てられ、また、遷宮ご用材には、「大一」の字が彫りこまれ、奉仕の作所員の帽子の徽章にも「大一」の文字が見られる。また、明治のころまで、贄海神事といって、九月の大祭りに先立つ十五日に神宮の神主たちは、伊勢志摩両国の堺の海に舟を出して、自ら牡蛎や海松を採って由基の御贄とする習いであったが、その祭りの旗印も「太一」であった。

このように、内宮の宮城外における皇大神宮の祭りその他には、天照大神の象徴として、「太一」または、「大一」の文字がしきりに用いられるのに対し、宮の内側における神事には、「太一」の語は一切、現われない。何か不思議だと、ユウコには思われる。

「太一」とは、中国古代天文思想から生み出された最高の天神であり、天照大神は、言うまでもなく皇室の祖先神であり、日本神道における至上の神である。「先にあげた諸例はこの日本の最高神に、同じく中国の至高神、「太一」が、習合されていることを示している。しかもそれが、別宮その他の外部の祭りにのみみられることを示している。また、御贄といい、遷宮用材といい、いずれも、皇大神宮の外部から、内部に向かってくるものであるが、それらに「太一」の文字が刻まれることは、天照大神とは、即ち、「太一」であるとの意識がもたれていることを示す。」という見解がある。

スメラミコトに天皇の文字を当てるようになったのは、推古天皇のころであるという。法隆寺の金堂薬師仏光背銘に、『池辺大宮治天下天皇』とあることは、今では、よく知られていることである。「天皇大帝は北辰の星なり」といわれ、北極星は古くから、君主にたとえられている。一方天皇は、「扶桑大帝東王公」でもあって、それが、日神信仰の日本の国情にもよくあった、ともいわれている。

中国天文学では、天を五つの部分に分け、北極星を中心とする部分を天の中央という意味で、中宮とよんだ。この北極星の神霊化が「太一」であるという。

日神とされる天照大神であるが、その子孫である天皇は、北極星、いわば、星の神にもたとえられるということは、時代を経ると同時に、道教などの思想が伝来、採用されたためであるという。

天照大神が「太一」に習合され、伊勢が天帝・太一の支配する天であるとすれば、内宮は、当然、その「太一」の居所である、ということになるのだが……。

「太一」という文字が使われるのは、内宮の外で使われ、内では一切使われない、ということ、神宮の神饌の中で、『心の御柱』に供えられる大御食は、特に、「由基の大御食」とよばれる。その調理は、豊受大神の神座の前で行なわれる。豊受大神は、天照大神の御食津神として、勧請されているのである。

このようなことから推測するならば、伊勢の外宮に鎮座するべき「月読神」のいるべきところに坐すのが、「豊受神」であってみれば、豊受＝月読とすると、月読神は、「夜の食す国」夜の世界を治める神であった。つまり、夜を照らす星の中心は、北極星であり、同じ夜に輝く【月を読む神】であるのかもしれない。

「竹取神事」、大翳材料の「青竹」は、竹取物語からすれば、「月」とかかわりがある。しかし、大翳がズタズタに引き裂かれて、お神符にされるというのは、ご神体と受け取られ、ご利益があると、信じられているのである。それはいいとしても、なぜ、ご神体が引き倒され、ズタズタに引き裂かれなければいけないのか。ご神体ならば、見えなくても、丁重にあげ奉るというのが、本来の普通の姿だろう。天照大神のお膝元である。「拝み倒す」という意味にとれば、拝むようにして、何ものかを無理に承知させるということになる。

「天の羽衣」伝承では、豊受神は、羽衣をなくして天にもどれなくなって、地上に留まったのだった。

豊受神が、月読に通じるとすれば、竹取物語では、かぐや姫は輝く竹から生まれて、月に帰っていった。

つまり、月読み——豊受の受難は、ズタズタに引き裂かれるという神事にも反映しているのでは……。

大嘗祭での「五節舞」は、由基殿でのみ。「神衣祭」は主基殿のみ。舞といえば、天の羽衣の天上の舞を連想するが、五節の舞は、ごく簡略な動作であるらしい。神衣は、文字通り、神の衣とするならば、それを奉納されるのは、主基殿と荒魂宮。荒魂宮は、主基殿、由基殿の位置からみれば、北、あるいは、北西（乾）の方角にあたり、祖先の宮を表しているのではなかろうか。「荒」は、加羅を表すという説からすれば、半島出身であることを表しているのではなかろうか。

そのように推していくと、太一は、豊受＝太一、そして、その有り様から推すと、太一を表徴するのが、心の御柱なのか……!!?

ここで、気になる歌がある。万葉集の持統天皇の歌である。

春過ぎて　夏来るらし　白たへの
衣干したり　天の香具山
持統天皇

新緑の山に、干した白い衣が微風にゆれて、あ、夏が来たのだ、とさわやかな感動をうたった情景のようにみえる。がこの歌が、女帝といえども、天皇の歌である。万葉集には、天皇の恋の歌も多数存在するのだから、洗濯ものを干している歌があっても、不思議はないだろう。ところが、今のユウコの眼には、少し違った光景に見えてくるのである。

　この光景の裏には、政権交代が、つまり政変が隠されているのではないか。『丹後国風土記』の説話が重なってみえてくる。しかも山の名は、ニギハヤヒの子、天香語山命に通じているような天の香具山である。『肥前国風土記』によれば、推古《すいこ》天皇は、来目《くるめ》の皇子を将軍として新羅を征伐させられた折、皇子はお言葉を頂いて、筑紫に来て、物部郷《もののべのさと》に経津主神《ふつぬしのかみ》を祀らせた。さわやかな緑の風の向こうはすさまじい嵐に見える。

▽月読みの月の神

　大事な任務を果たしたにもかかわらず、月の神の使いがうさぎとするならば、うさぎは負け続けている。月にうさぎは、仏教や道教の教えが取り込まれたものという。因幡の白うさぎ、そして、「うさぎとカメ」の説話でも亀に負けている。亀は、神亀として、七～八世紀には、重んじられたのである。山幸彦は亀に乗って行った。亀は、加羅を表すともいう。

　ユウコはある日、有田の陶器市で買った、お皿の絵を見てあっと思った。うさぎが、カエルに投げ飛ばされている！

「高山寺絵巻」の有名なシーンである。

衮竜《コンリョウ》の月の中には、うさぎとカエル（蟾蜍《センジョ》）が描かれていた。

同じ月の中にいる両者であるが、なぜ、うさぎがカエルに投げ飛ばされたのか……。

この絵解きはどうなるのだろうか。単なる漫画のルーツなのだろうか。


絵巻は他に、「蛙の憤死」や猿の僧正、うさぎと狐の僧が、蛙《カエル》を供養している絵、他全四巻にも及ぶ国宝絵巻である。

京都の高山寺に、展示されていたことがある。有名な兎と蛙の角力は、色紙や絵はがきにもなって、おなじみである。お皿にまで描かれているおかげで、思い出した。

作者は、鳥羽僧正覚猷、とする伝承がある。高山寺の石（積）水院という塔頭の、山中の幽玄の景観を見ながら、悟りを得た高僧が、山中の動物たちの生態を擬人化して面白おかしく描いたのだろう、と思っていたが、どうもそうではないらしい。

画僧や、絵仏師の筆とするよりは、優れた宮廷絵師たちの作なのでは、とする有力な説があるというのである。

とすれば、宮廷の様々な、文字にできなかった歴史、あるいは伝承を、面白く擬人化した絵巻で、語らせているところもあるのでは……。ユウコは、京都の深山の古刹に伝わるユニークな絵巻には、やはり「絵解き」の物語が、じつはあるのかもしれないと思った。

◆諏訪神社のある行事

長野県諏訪市の諏訪神社では、「蛙狩神事」という神事が行なわれている。正月に、上社、本宮鳥居前で行なわれる。

凍った川から、蛙が掘り出され、弓矢で射て、大神への初贄とされる。

「突き刺す」という行為は、神事であろうが、ただならぬ神代の闇の蠢きか……！　すわミステリアス、宮総代のじい様たちにおこられそうな叫びがあがりそうである。

そういえば、久留米の大石神社（伊勢天照御祖神社）での、十五夜の祭りの「芋の串刺し」に共通項があるのでは……。かなり雲行きがあやしい……。

諏訪大社のさまざまな謂れは複雑であるが、祭神は、建御名方命である。出雲の国譲りに最後まで抵抗したが、武甕槌神との格闘に負けて、諏訪に追放され、諏訪から動けなくなった神である。ところが、ご神体は、ヘビであるという。

建御名方命とヘビは、関係なさそうで、よく考えるとあるのである。建御名方命は、前から、諏訪神社に伝来する神である「曳もれ矢神」を降ろして、祭神になった。けれども、祭事のすべては、敗れた曳もれ矢神に託した。「蛙狩神事」はじめ、「御室神事」（御神体のヘビを、土室中に篭もらせる神事・神蛇の篭もり、顕現）も、「曳もれ矢神」以来の伝来の神事であるという。

このほかの行事も、上社では、狩猟的なものが多く、神体は、守屋山と、すずり石という巌座石で、自然物崇拝という原始的な信仰をもっている。また、曳もれ矢神の神官は、神長官という。それを征服したほうが「明神」で、出雲族といわれていて、つまりは、建御名方命方であるだろうが、この方の神官は、「大祝」という。「神長官」は、大祝に仕えたという。カモは、神の居場所を意味する。

このようにみてくると、曳もれ矢といい、ヘビといい、巌座石といい、出雲族より先輩格といい、神（三輪・大三輪・大神）氏につながる神のようである。

つまり、加茂神社も、諏訪神社も、大和の大三輪の神、大物主ともつながっていた。高良の神もである。

諏訪の「蛙狩神事」は、ヘビをまつる社で行なわれるのである。

これまで推理していくうちに、ヘビ、月、うさぎは、神話の周辺で、同じ側にいるようだ。

「氷を斧鉞をもって、切り裂く。そして掘り出された蛙は、柳の弓、端竹の矢で射られ、串刺しにされる」

この意味は何だろうか。

『淮南子』に、「日中有　鳥、而月中有蟾蜍」。古代中国では、月の中にヒキガエルがいると考えられていた。お月様には、うさぎもちをついているという。

衰竜《コンリョウ》の御衣の月の中には、橘の彝をはさんで、両脇に、蟾蜍《センジョ》（ヒキガエル）とうさぎ、がいる。

▽　月の中もナゾとき

高句麗の建国王、朱蒙の養父は、「金蛙王」という。夫余の王であった、解夫婁《ヘブル》には、子がいなかったので、かれは、山川を祭って、天に、子の誕生を願っていた。ある日、馬に乗っていた夫妻は、不思議な魔力をもつ石をみつけた。それを転がしてみると、蛙にそっくりな金色に輝く赤ん坊があらわれた。天が願いをかなえてくれたのだ、とよろこんだ夫妻は、その赤ん坊を「クムワ」と名づけ、大切に育て、後継ぎにした。

この金蛙王の国、夫余から分れて、朱蒙の「高句麗」が誕生している。

夫余国は玄菟郡（漢の郡・撫順市）の北千里、濊族の地である。この伝説は『三国史記』高句麗本記始祖東明聖王紀に記されており、『後漢書』にもある、という。

日の中の朱蒙のヤタガラス。

月の中は、その父の蛙。つまりセンジョ。

なぜか、計ったように、ピッタリである。

うさぎは……？　玄菟の菟は、兎、うさぎ。

濊族の地において漢の郡は消滅している。もしかしたら、うさぎは、この玄菟の菟で、その命運になぞらえられることになったのかもしれない、と、チラッとユウコの頭をかすめるものがある。濊族の天を治めた者が、日月の中に描かれているのかもしれないのである。

ヒキガエルについては、『古事記』に、「久延毘古《クエビコ》（山田の中の一本足の案山子《カカシ》）が、天下のことは、何でも知っているとヒキガエルが教えた」というくだりがある。（少名毘古那神は、神産巣日神の子であり、葦原色許男（大国主）命と兄弟となって、その国を造り固めるであろう、という、神産巣日神の子、少名毘古那神の正体を明かした）

日月などの思想は、中国から伝わった思想である。朱蒙父子の建国の物語というものを、日、月になぞらえたのかもしれない。

神代の物語は、韓半島や、中国の影響が色濃く反映されたもののようである。『日本書紀』の文章は、唐代の類書『芸文類聚』を活用して書かれたことが、解明されているらしい。

ヤタガラスは、朱蒙の高句麗の印でもあったが、日本においては、神産巣日神の孫が、憑依して、ヤタガラスになり、神武の道案内をした。それにちなんで、紀伊の熊野神社は、ヤタガラスを神紋にしたのであった。

のみならず、ヤタガラスが、高句麗の標章であるということは、ヤタガラスの子孫、加茂氏は、山城の嵯峨野のあたりを、秦氏とともに開拓していたのかもしれない。

出雲の熊野神社は、上の宮に「速玉」「事解男」「伊邪那美」の三神を祀り、下の宮に「天照大神」「素戔嗚尊」ほか、「八神」を祀り、人々は、上の社を「熊野三社」下の社を「伊勢宮」とよんでいるという。

上の宮に祀られている神は、イザナギの黄泉つ平坂を逃げ返り【禊】をする前に生じた神、いわば、三貴神の先輩格ともいえる神と、その前の神生みに功労のあったイザナミ、もはや黄泉国に行ってしまって、「胞」を捨てる、と同時に、役割を終えた神。いわば、日本国の暁の神ともいえる神なのだろう。

下の宮に「月読」（三貴神の一神）が抜けている。「八神」は、たぶん、スサノオの子（牛頭天王の八神にも通じる）のことのように思われる。

「月読」は、途中で、消えている。『古事記』では、食物の種を、神産巣日神が、スサノオに採らせている。

月には、うさぎと蟾蜍《センジョ》＝蛙が、橘の彝《イ》を挟んで同居している。

うさぎは、物語の中で負け続けていた。

ワニからは、皮をむかれ、蛙からは、投げ飛ばされ、歩みののろい亀にも負けていた。月読の系統は、天照大神の兄弟にもかかわらず、後裔がいない。

その理由は、同じ月に住む「蟾蜍《センジョ》（ヒキガエル）」が、なにか、重大なカギを握っているのでは……。

否、やっぱり、久延毘古《クエビコ》が、天下のことは何でも知っている……。

【参考文献】

『古事記　新編』　日本文学全集1　小学館　2006年
『日本書紀』　日本文学全集2　小学館
『風土記』日本文学全集5　小学館
『古代祭政と穀霊信仰』　三品彰英論文集　第5巻　平凡社　1973年
『古事記と日本書紀』　神野志隆光　講談社現代新書　2004年
『日本古代史科学』　東野治之　岩波書店　2005年
『東アジアの中の日本古代史』　田村円澄　吉川弘文館　2006年
『人と動物の日本史』　中村生雄　三浦之　吉川弘文館　2009年
『複数の古代』　神野志隆光　講談社現代新書　2007年
『日本書紀は何を隠してきたか』　遠山美都男　洋泉社　2001年
『出雲大神と日本建国』　安達巌　新泉社　1994年
『応神天皇の秘密』　安本美典　広済堂出版　1999年
『西日本古代紀行　神功皇后風土記』　河村哲夫　西日本新聞社　2001年
『九州を制覇した大王　景行天皇巡行記』　河村哲夫
『筑紫の古代史』　田村円澄　学生社　1992年

『アクロス福岡文化誌』アクロス福岡文化誌
『3　古代の福岡』編纂委員会編　海鳥社　2009年
『福岡県謎解き散歩』半田隆夫他　新人物文庫　2011年
『百済の王統と日本の古代』兼川晋　不知火書房
『宗像大社　古代祭祀の原風景』正木晃　NHKBOOKS　2008年
『広開土王と倭の五王』小林恵子　文芸春秋　1996年
『三人の神武』小林恵子　文芸春秋　1994年
『桓武天皇の謎』小林恵子　祥伝社　2009年
『大伴家持の暗号』小林恵子　祥伝社　2006年
『江南出身の卑弥呼と高句麗からきた神武』小林恵子　現代思潮新社　2008年
『古代史謎めぐりの旅』関裕二　ブックマン社　2009年
『日本古代史ミステリー』武光誠　他　新人物文庫　2010年
『日本の古代王朝をめぐる101の論点』武光誠　他　新人物往来社　2009年
『三輪山と卑弥呼、神武天皇』笠井敏光他　学生社　2008年
『陰陽五行思想からみた日本の祭』吉野裕子　人文書院　2000年
『大嘗祭』吉野裕子　弘文社　1989年
『古代天皇渡来史』渡辺光敏　三一書房　1993年
『天皇家はなぜ続いたか』梅澤恵美子　ベスト新書

『古代天皇家と日本史』　中丸薫　徳間書店　２００４年
『天武天皇と九州王朝』　砂川恵伸　新泉社　２００６年
『秦氏とカモ氏』　中村修也　臨川選書　２００３年
『牛頭天皇と蘇民将来』　川村湊　作品社　２００８年
『古代日本誕生の謎』　武光誠　ＰＨＰ文庫　２００６年
『ヤマト王権の誕生』　藪田紘一郎　彩流社　２００７年
『海民と日本社会』　網野善彦　新人物文庫　２００９年
『アジアの中の日本』　服部英雄他　吉川弘文社　２０１０年
『天皇ハなぜ生き残ッタノカ』　本郷和人　新潮新書　２００９年
『考古学からみた倭国』　白石太一郎　青木書店　２００９年
『邪馬台国魏使ガ歩イタ道』　丸山擁成　吉川弘文館　２００９年
『日本古代史の謎を解く』　澤田洋太郎　新泉社　２００４年
『龍の文明太陽の文明』　安田喜憲　ＰＨＰ新書　１９９６年
『鞠智城を考える』　笹山晴生　山川出版社　２００９年
『東京シンポジウムの記録　続　夢甦る』　古閑三博　三弘会　２００３年
『筑後文化財散歩』　筑紫豊　１９７２年
『葬られた王朝』　梅原猛　新潮社　２０１０年
『ツクヨミ秘された神』　戸矢学　河出書房新社　２００９年

『寺社勢力の中世』 伊藤正敏 筑摩書房 2008年
『海民と日本社会』 網野善彦 新人物文庫 2009年
『古代壁画の世界』 百橋明穂 吉川弘文館 2010年
『都はなぜ移るのか』 仁藤淳史 吉川弘文館 2011年
『幻想世界の住人たちⅢ』 篠田耕一 新紀元社 2012年
『神話から歴史へ』 大津透 講談社 2010年
『奇書『先代旧事本紀』の謎をさぐる』 安本美典 批評社 2007年
『鏡と初期ヤマト政権』 辻田敦一郎 すいれん社 2007年
『隠された物部王国日本』 谷川健一 情報センター出版局 2008年
『物部氏の正体』 関祐二 東京書籍 2008年
『消サレタ王権物部氏の謎』 関祐二 PHP文庫 2006年
『謎の出雲伽耶王朝』 関祐二 徳間書店 1995年
『おとぎ話に隠された古代史の謎』 関祐二 PHP文庫 2008年
『日本のまとろわぬ神々』 鎌田東二他 新人物往来社 2010年
『神話から歴史へ』 大津透 講談社 2010年
『逆説の日本史Ⅰ古代黎明編』 井沢元彦 小学館文庫 2009年
『失われた九州王朝』 古田武彦 ミネルヴァ書房 2010年
『「邪馬台国」はなかった』 古田武彦 ミネルヴァ書房 2010年

『日本の古代史ミステリー　謎解き散歩』　武光誠他　新人物文庫　２０１０年
『女帝の国、日本。』　武光誠　宝島社新書　２００５年
『日本書紀の暗号』　林青梧　講談社　１９９０年
『日本百済説』　金容雲　三五館　２０１１年
『倭の正体』　姜吉云　三五館　２０１０年
『卑弥呼の正体』　山形明郷　三五館　２０１０年
『「伽耶」を知れば日本の古代史がわかる』　高濬煥　ふたばらいふ新書　１９９９年
『中国の歴史』　愛宕元　昭和堂　２００６年
『熊野大社』　熊野大社崇敬会　熊野大社　２００７年
『熊野の大神さま』　川島芙美子　熊野大社　２００１年
『八坂神社由緒略記』　八坂神社社務所　八坂神社　２００８年
『高良玉垂宮神秘書同紙背』　川添昭二他編　高良大社　１９７２年
『国史大辞典』　志村有弘　十光祥出版　２００９年
『日本神祇由来辞典』　川口謙　梓書房　１９９３年
『古代諸国神社神階制の研究』　岡田荘司　岩田書院　２００２年
『図説　久留米・小郡・うきはの歴史』　古賀幸雄　郷土出版社　２００６年
『図説　南筑後の歴史』　大城美智信監修　郷土出版　２００６年
『年中行事辞典』　西角井正慶　東京堂出版　１９５８年

『倭の五王と二つの王家』　前田晴人　同成社　２００９年
『高松塚・キトラ古墳の謎』　山本忠尚　吉川弘文館　２０１０年
『邪馬台国と地域王国』　門脇禎二　吉川弘文館　２００８年
『古代史の謎を攻略する』　松尾光　笠間書院　２００９年
『交響する古代　東アジアの中の日本』石川日出志　日向一雅　吉村武彦　東京堂出版　２０１１年
『高句麗壁画古墳と東アジア』門田誠一　思文閣出版　２０１１年
『古事記のひみつ』　三浦佑之　吉川弘文館　２００７年
『東アジア考古学辞典』　西谷正編　東京堂出版　２００７年
『日本神話１２０の謎』　安本美典　勉誠出版　平成１８年
『古代神道と天皇家の謎』　関裕二　ポプラ社　１９９５年
『日本家紋大辞典』　丹羽基二　新人物往来社　２００８年
『陝西歴史博物館図録』陝西旅遊出版社　２００３年
『日本服飾史辞典』　河鰭実英編　東京堂出版　１９６９年
『有職故実大辞典』　鈴木敬三編　吉川弘文館　平成８年

著者プロフィール

平野 真知子（ひらの まちこ）
1947年福岡県生まれ。
現在福岡県柳川市在住。
著書『時代を超えて　ある歴史の謎解きより』（2005年文芸社）

謎解き　ファジイ　ヤタガラス

2012年11月15日　初版第1刷発行

著　者　平野 真知子
発行者　瓜谷 綱延
発行所　株式会社文芸社
〒160-0022　東京都新宿区新宿1－10－1
電話　03-5369-3060（編集）
03-5369-2299（販売）

印刷所　株式会社平河工業社

ISBN978-4-286-12607-4